李逊芳 主编

让艺术展开信息的翅膀

②

文汇出版社

图书在版编目(CIP)数据

让艺术展开信息的翅膀. 2 / 李逊芳主编. -- 上海 :文汇出版社,
2021.11
　　ISBN 978-7-5496-3670-9

　　Ⅰ.①让... Ⅱ.①李... Ⅲ.①视频编辑软件－中学－
教材 Ⅳ.①G634.671

　　中国版本图书馆CIP数据核字(2021)第230629号

让艺术展开信息的翅膀2

主　　编 / 李逊芳
责任编辑 / 甘　棠
封面设计 / 陈瑞桢
照排设计 / 上海温龙图文设计制作有限公司

出版发行 / 文匯出版社
　　　　　上海市威海路755号 （邮编：200041）
经　　销 / 全国新华书店
印刷装订 / 上海丽佳制版印刷有限公司
版　　次 / 2021年11月第1版
印　　次 / 2021年11月第1版第1次印刷
开　　本 / 787mm×1092mm　1/16
字　　数 / 200千
印　　张 / 12

ISBN 978-7-5496-3670-9
定价：58.00元

本书编委会

主　编： 李逊芳

副主编： 张幸怡　张颖出

撰　稿： 王仁华　张全权　周思羽　龚仁元　吴　慧

奚声斐　杨靖晶　张幸怡　高　超　张奉恺

林思雨　喻雯婕　李　津　黄　潇　孙晓霞

马萧萧　周　旎　潘　韵　陈雯洁　王　晓

编者的话

2017 年《让艺术展开信息的翅膀》一书出版后，受到广大中小学师生的喜爱。在大家的鼓励下，上海市正高级特级音乐教师李逊芳带领上海市第四期名师艺术攻关基地与杨浦区"艺术云"工作室的学员们再接再厉，经过两年的努力，编写了《让艺术展开信息的翅膀 2》。

"E+ 艺 + 意"是《让艺术展开信息的翅膀 2》的核心，旨在通过信息技术与艺术相融合，搭建更多的艺术实践平台，从而展现出师生们无限的创意。本书选择了 22 款适合中小学生年龄特点，简单易用、操作方便并与艺术相关的应用软件，以特定的校园活动主题，分为"音频篇""视频篇""创意篇"三个篇章。每个单元都包含了"主题先导""软件介绍""技术连接""佳作欣赏""拓展实践"五个板块。在学习的过程中，我们希望同学们能尝试创意表达，以艺术化的方式来抒发自己的情感，培养审美情趣，提升艺术素养。

书中每一个章节都是老师们在自己所在学校试点后，经过反复斟酌框架、推敲案例、梳理素材、修改完善的结果。每个创意活动，每个软件推荐、每个作品选择，每张插图点缀，每个艺术实践，都折射出浓浓的同学情、师生情、亲情、校园情。尤其是在抗击新冠疫情期间，老师们借助新技术，以云合奏、云合唱、云展演等方式，团结"艺"心，以"艺"战役，用师生的艺术作品向一线抗疫人员致敬，表达了对白衣战士的崇高礼赞。

为了便于大家学习分享，我们还推出了配套的系列微视频，在艺术新空间微信公众号与广大师生共享，相信可视化、易操作、互动强的微课，将提高大家的学习效果。

真心希望我们的教材能为大家的艺术信息学习之路添砖加瓦，让艺术展开信息的翅膀，助飞你的艺术梦想！

李逊芳

目　　录

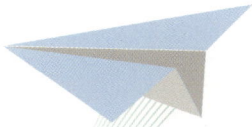

创意篇

流动的艺术

"Pyware3D" 设计创意队形

主题先导

2019年的国庆阅兵典礼上的情景式行进让全国人民了解了行进乐队这门艺术。如何进行队形变化的呢？如何让排练者知晓自己在整个队形中的站位？如何从一个图形转变成另一个图形？

本章节让我们一起来了解可以设计队形的软件——Pyware 3D。它不仅能用于行进乐队会用到的队形变化，还可以在学校舞蹈队、健美操、运动会队形设计中大放异彩呢！

软件介绍

Pyware3D是一款全世界最著名的图形方案制作软件，自 1982 年以来一直是该领域公认的领导者。Pyware3D被世界各地的行进乐队用来制作各团队独一无二的图形方案，除此之外也经常被相似的场景练习用来使用，如百老汇、比赛中进退场的设计或是游行队伍等，多个版本的设计能够适应各种场合的队形需求，而且这些只需要一个人一台电脑就可以完成。

软件有以下特点

1.简单直观、灵活：有直线和曲线、螺旋和多边形、填充形状和脚本等绘图工具，可以指定想要的形状的确切位置、表演者的数量和他们之间的间距；在编写过程中可以随时增加或减少队形中所需要的人数以及音乐拍数。

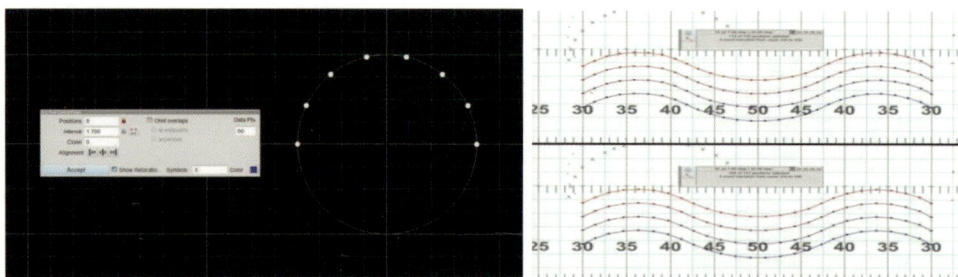

2.真实可视：可选择定制的道具、制服、仪器、场地等视觉元素，最终可以导出流畅的视觉动画视频以供表演者们参考。

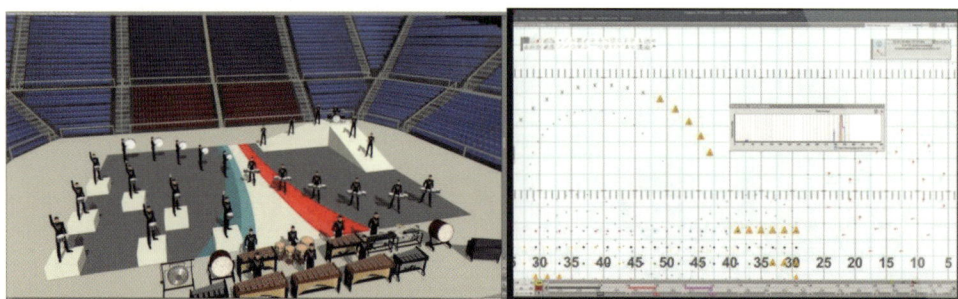

3.自检系统：软件自带检测合理性功能，对于设计的方案图形转换间的步数、路径、人数等变化是否会产生碰撞或前后一致性会提供实时反馈。

技术链接

一、软件下载

在不确定自己是否要成为一名专业的方案设计者前，可以先下载 Demo 版本尝试操作。下载成功安装后图标：

二、软件界面

打开软件显示的主页面如下：

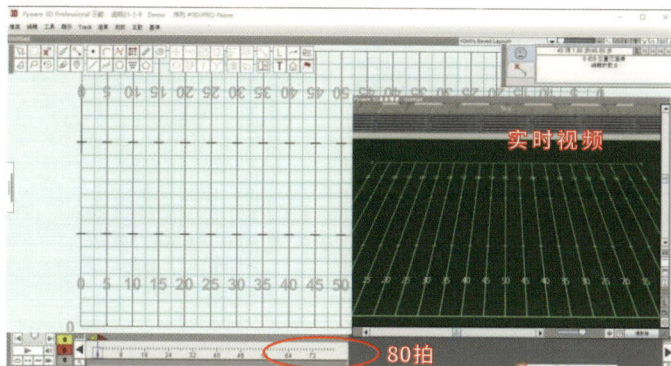

(一) 计数轨道: 计数轨道在 Pyware 画图软件中是一个重要和必需的部分，它建立在主视窗的最底部，以拍数为单位刻度的尺，在图形中代表每一个拍点，用于记录整首音乐的拍子总数，方便做队形的时候记录每一个队形要几拍。拖动红色和黄色箭头显示一个范围于荧幕上供显示及编辑，Demo 版本的计数轨道（拍子数）只有 80 拍且无法设置，付费版可设置最大 300 拍的计数轨道。

(二) 实时动画视频: 对于平面所做的队形变化，可直观的用动画视频方式呈现给作者。在完成整部作品设计后可导出视频，让排练人员一目了然明白设计者的意图。

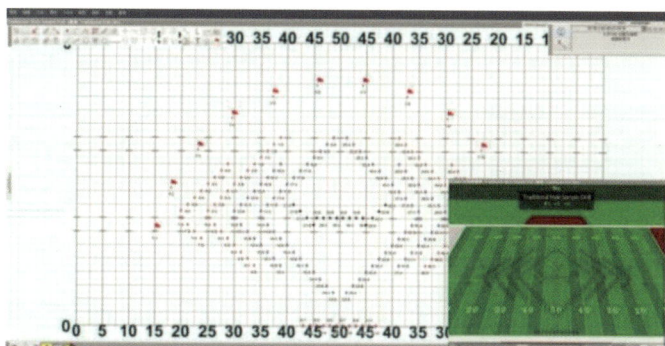

（三）多个浮窗工具栏：

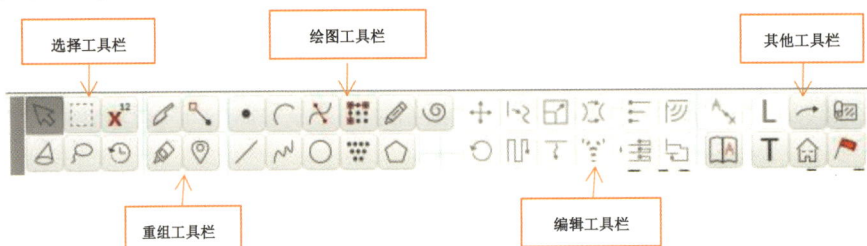

三、队形制作步骤

第一步：新建作品

打开档案（File），选择第一个新队形即可新建一个文件，根据提示填写作品名称、音乐拍数等，最下方的选择如场地规模、舞台风格、场地天气、室内室外等模板。对于新手可以直接在网格设计中选择"China grid"内置常见的适用于中国的场地模板。

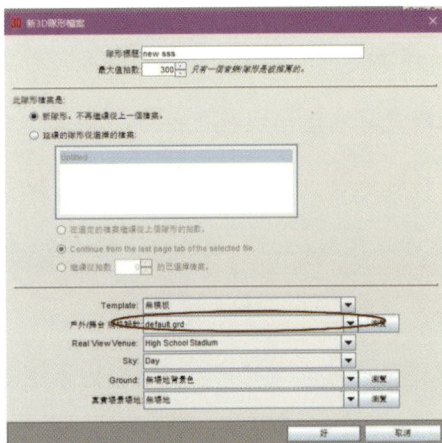

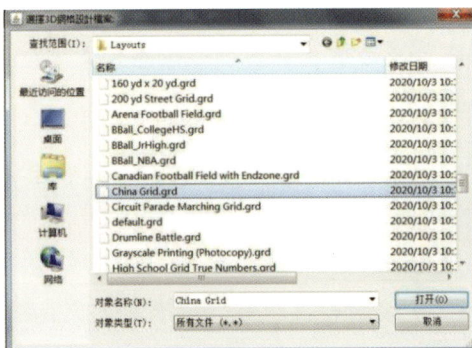

场地设置的作用是根据实际练习或演出场地大小来匹配制作图形的场地尺寸，让练习更加精准。Pyware3D 可以实现各种场地大小的需求且有内置标准场地可选择。

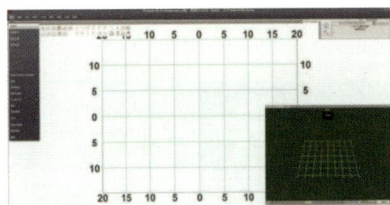

第二步：同步音乐拍数

设置好所需场地大小后，选择音乐并同步音乐拍数，为了在编写队列时能精准到拍数与动作变化，所以需要非常细致的音乐拍数。

1. 导入WAV格式音乐

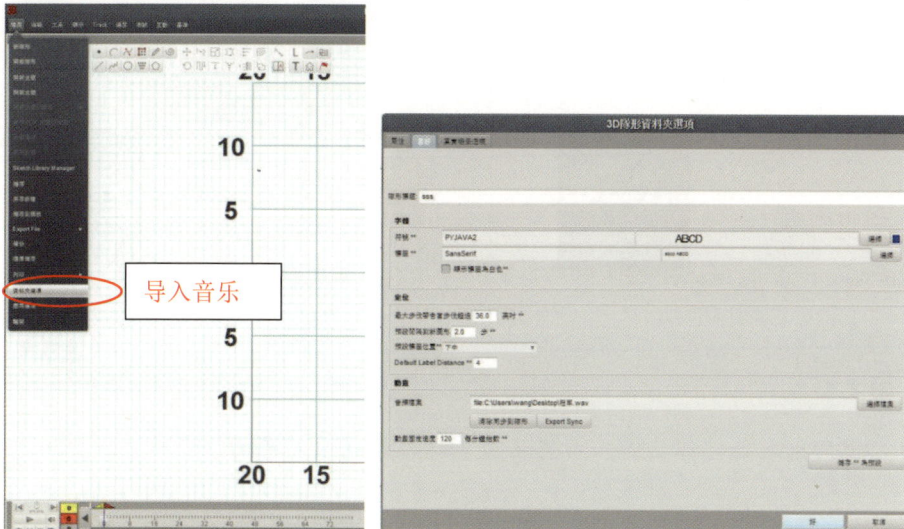

选择需要编队形的音乐，注意导入音频文件格式要用WAV，MP3不可用。

2. 拍节拍数

导入音乐后首先要做的是同步音乐的拍子数，可以按小节，也可以按拍子，一般是按拍同步。这一步需要认真耐心，拍错一拍就要重头来过咯。

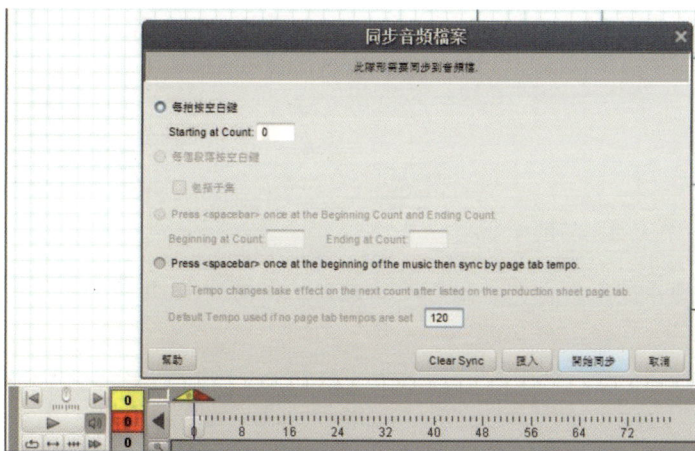

完成后会显示整首音乐共有多少拍，方便之后制作动画。

第三步：创建表演者

所有的绘图工具都可以创建表演者

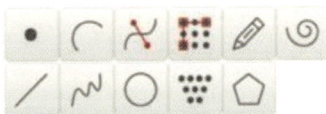

常用点状绘图工具 及线状绘图工具 创建

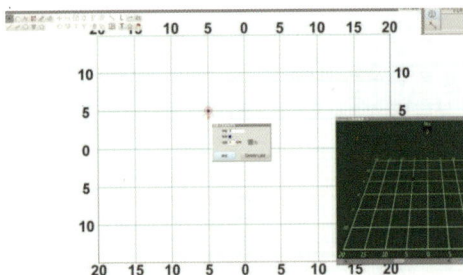

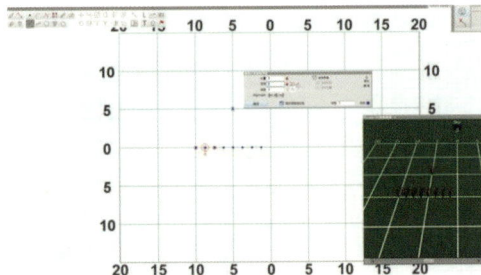

第四步：动画制作

　　队形变化的天马行空都在这一步里呈现，这极其需要想象力

1.创建动画帧

（1）在计数轨道的最右侧找到锁样标志的 Page Tab Lock 按钮，点击解锁后，计数轨道进入编辑模式。

（2）在计数轨道黄色区域，0和16的位置点击鼠标左键创建动画帧。

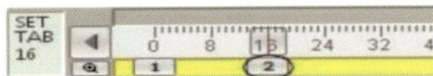

（3）当你完成创建动画帧，请再次点击计数轨道右侧的 Page Tab Lock 按钮，我们会看到动画帧创建完毕，并且多了开始帧和结束帧。

2.设计动画效果

　　假设我们要做一个向右移动16拍的动画

（1）开始帧为黄色，结束帧为红色，先点击红色的结束帧，拖动到16的位置，或者直接点击动画帧。

（2）选中表演者，点击编辑推进工具，推动队员 x 向右 16 个方格，然后在推进工具编辑栏中点击确定，就完成了动画效果。

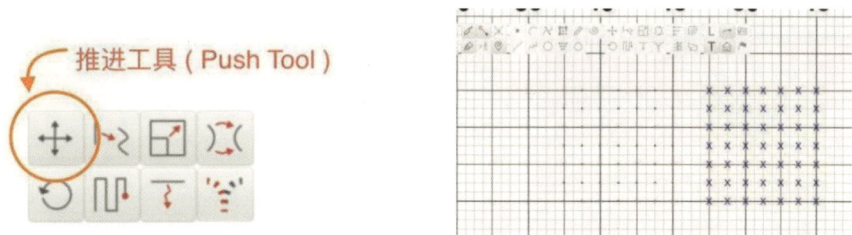

（3）完成以后，我们可以用动画栏中的播放键检验动画效果，播放之前也要确定结束帧在 16 的位置，不然无法播放动画，也可以直接拖动动画进度条来检查动画效果。

当然动画不止这一种，还有很多的可能性可以设计，本文只介绍了最简单基础的做法。

完成一部作品后，可以将作品以表演者视角及指挥者视角分别导出图谱，同步生成动画视频。

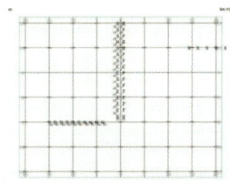

指挥视角

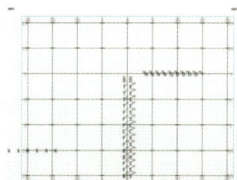

表演者视角

动画视频

现场效果

控江中学行进管乐团参加上海之春展演

2016 F1 方程式赛车开幕式百人方案呈现效果

拓展实践

　　除了行进管乐，其实还有很多活动都能用到队形方案设计，比如学校运动入场式、啦啦操、健美操、武术方阵等等。

1. 请自己尝试设计一个简易的静态图案队形。
2. 设计至少包含一个动画变化的微型方案。
3. 将自己的方案设计排练出来，以照片或视频的方式记录。

陶艺新玩法

"一起玩陶艺"带你进入陶艺世界

主题先导

陶艺是中国传统古老文化与现代艺术结合的艺术形式，其制作包含制坯、修坯、上釉、烧制等一系列工序，技术要求高且耗时长。在真实的陶艺制作过程中，发现自己制作能力，特别是拉坯技术不够，却又想体验陶艺制作过程，该怎么办？

不用发愁，因为"一起玩陶艺"可以帮助你完成梦想。"一起玩陶艺"是一款数字陶艺制作软件，可以帮助你通过模拟现实陶艺制作中的拉坯、图案装饰、上釉、烧制等系列过程，让你轻松快速体验虚拟的陶艺创作过程。

本章节将带领大家用"一起玩陶艺"，创作一件属于自己的数字陶艺作品。体验陶艺创作的过程，感悟数字陶艺创作的魅力。

软件介绍

"一起玩陶艺"是一款数字陶艺制作软件。通过这个软件你可以充分发挥出自己的创造力与想象力来进行虚拟的拉坯、图案设计、上釉、烧制等系列创作。你还可以模拟真实情景下，按照客户"订单"的需求进行陶艺创作。看了以上介绍是不是觉得很好玩？下面就让"一起玩陶艺"带我们走进"玩陶"的世界吧！

技术链接

一、熟悉界面

首次打开软件呈现左下图界面，只显示"创造"和"收件箱"两个菜单。点击"收件箱"可以收到一张订单。按照订单的要求点击"创造"进行拉坯制作，然后根据提示"出售"你创作的作品。当再次打开软件时，此时界面如右下图所示，增加了"收藏"、"刷子"、"商店"等功能，即显示完整的菜单功能。

显示陶泥的数量，每块陶泥可以制作一个陶器

二、拉坯制作

打开软件点击"创造"菜单，通过单手指或双手指都可操作。手指放置在陶坯上，向上或向下拖动，陶坯随之拉长或缩短。手指放置在陶坯边缘，向内或向外慢慢拖动，陶坯随之收缩或扩张。

三、坯体烧制

拉坯结束后，点击烧制按钮，此时即显示为右下图，表示正在烧制过程中。当进度条显示"100％"时，表示烧制完成。

烧制完成后的效果

点击边缘并慢慢向内拖动

拉坯制作完成后点击烧制

四、完善作品

烧制完成后，呈现下图界面，此时可以点击"就绪"按钮保存分享，也可以继续创作，如：给作品上颜色、设计图案，安装把手等进一步完善作品。

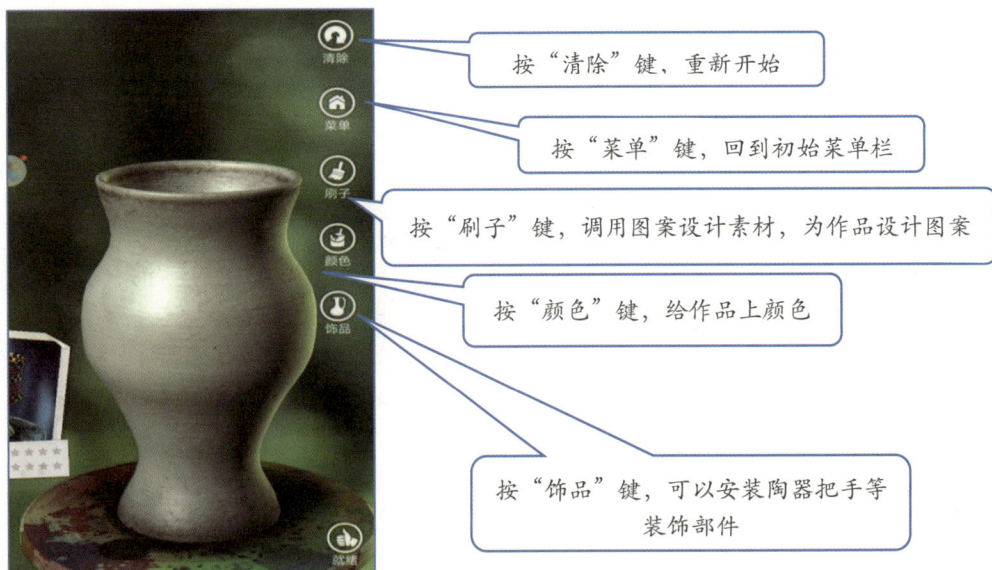

按"清除"键，重新开始

按"菜单"键，回到初始菜单栏

按"刷子"键，调用图案设计素材，为作品设计图案

按"颜色"键，给作品上颜色

按"饰品"键，可以安装陶器把手等装饰部件

在这里选择装饰图案

在这里选择上釉的颜色

在这里选择陶罐把手样式

五、作品分享

作品最终完成后，点击"就绪"按钮，出现左下图页面。点击页面上的"照片"按钮，呈现右下图页面。点击页面的"分享"按钮，即可以分享到 QQ、微信等平台，也可以分享到其他软件再次编辑。当关闭软件后，作品自动保存在软件的收藏夹内。

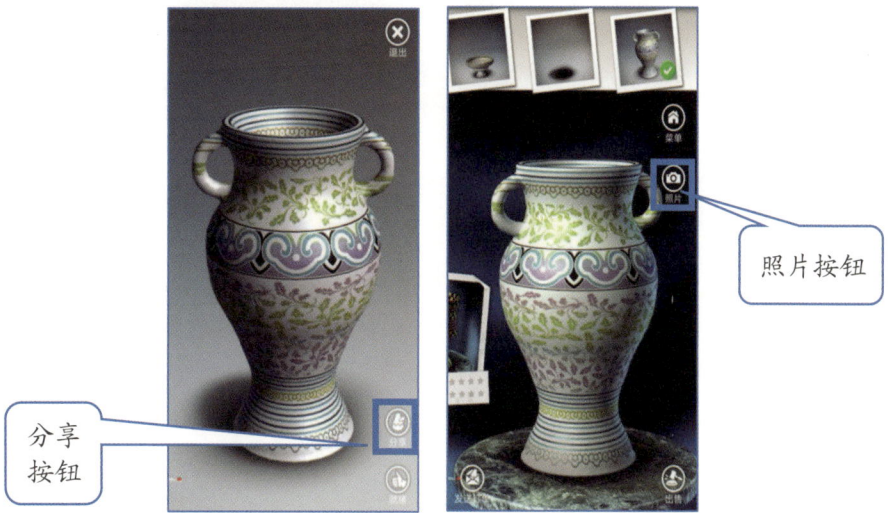

分享按钮

照片按钮

小贴士

如果想获得更多的创作素材和资源，可以打开软件点击"收藏"按钮，在收藏内选择你创作的作品进行虚拟出售（拍卖），将拍卖所得的"金币"用于购买陶泥、图案素材、装饰配件等素材和资源。

一起玩
陶艺

创造
收藏
刷子
收件箱
商店

点击"收藏"

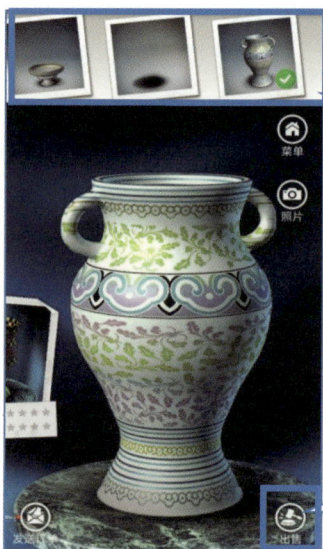

菜单

照片

在收藏夹内挑选要拍卖的作品

点击"出售"（拍卖）按钮

佳作欣赏

这是奉贤区头桥中学的同学们利用"一起玩陶艺"制作的部分数字陶艺作品。一些作品是用"一起玩陶艺"一次性完成，另一些作品是利用"一起玩陶艺"完成"烧制"步骤后，导入到另外一个软件——"绘画神器"再次创作。

拓展实践

　　如果虚拟的陶艺创作还不够过瘾，那就来点"实际"的吧！将你制作的虚拟数字陶艺作品转化为现实的陶艺作品吧！将你的数字陶艺作品打印或彩喷，然后贴在磁贴纸上，并沿作品外边缘剪下做成一个个冰箱贴，美化我们的厨房吧！

创意绘画

"绘画神器" 激发艺术灵感

主题先导

在用传统的绘画表现形式表达你的创意过程中，当你遇到表现难度大、绘画效率低、存储分享不方便，该怎么办？不用着急，"绘画神器"来帮忙！

本章节将带领大家一起学习如何运用"绘画神器"来解决以上问题，让"绘画神器"赐予你力量，使你的绘画创作变得轻松有趣，体验用数字绘画表达创意的乐趣！

软件介绍

"绘画神器"（SketchBook）是一个具有专业着色和绘图的程序。该软件功能强大，能很好地模仿手绘效果，哪怕绘画初学者，借助"绘画神器"也能将自己的创意表达得到很好的展现。

该软件具有铅笔、马克笔，制图笔、水彩笔、喷枪等多种笔刷工具，以及分图层绘制的功能，能满足你的绘画创意表达的需求。创作的作品还可以分享为 PNG、JPEG、PSD 格式。友好的界面以及丰富的人性化功能设计，获得绘画爱好者的青睐。看了以上介绍，是不是觉得很有趣，下面就让"绘画神器"带我们一起走进数字绘画的世界吧！

技术链接

一、快速入门

初次使用此软件者，可以利用软件中的"快速入门"进行快速浏览学习。

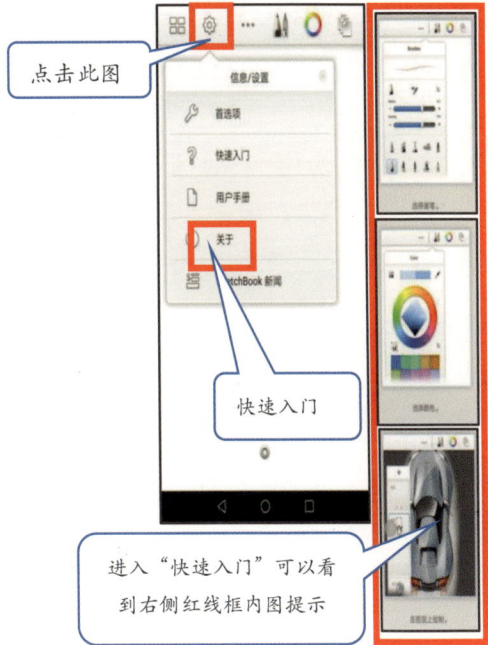

点击此图

信息/设置

首选项

快速入门

用户手册

关于

快速入门

进入"快速入门"可以看到右侧红线框内图提示

二、实践操作

（一）新建草图

打开软件，点击左上角的四个小方块，开始新建草图。软件中有自带不同规格大小的草图可供选择，也可以自定义草图的大小。

这里有可以选择不同大小的草图（画布）

点击此图标

新建草图

720 x 1280

2549 x 2560

1080 x 1920

移动设备

网页

视频和电影

自定义

（二）复制图层

复制若干图层，可以将绘画的几个关键步骤分别画在不同的层上，当某一步骤画错或不满意时，可以将该图层删除并再复制一个图层重新作画。我们以复制了三个图层的画布为例。

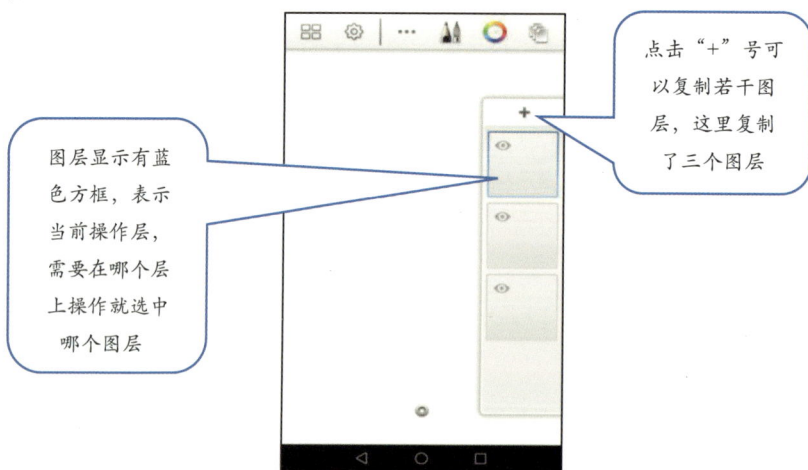

图层显示有蓝色方框，表示当前操作层，需要在哪个层上操作就选中哪个图层

点击"+"号可以复制若干图层，这里复制了三个图层

（三）选择画笔

点击画笔图标可以选择不同的画笔，还可以调节画笔笔触的粗细和颜色浓淡。

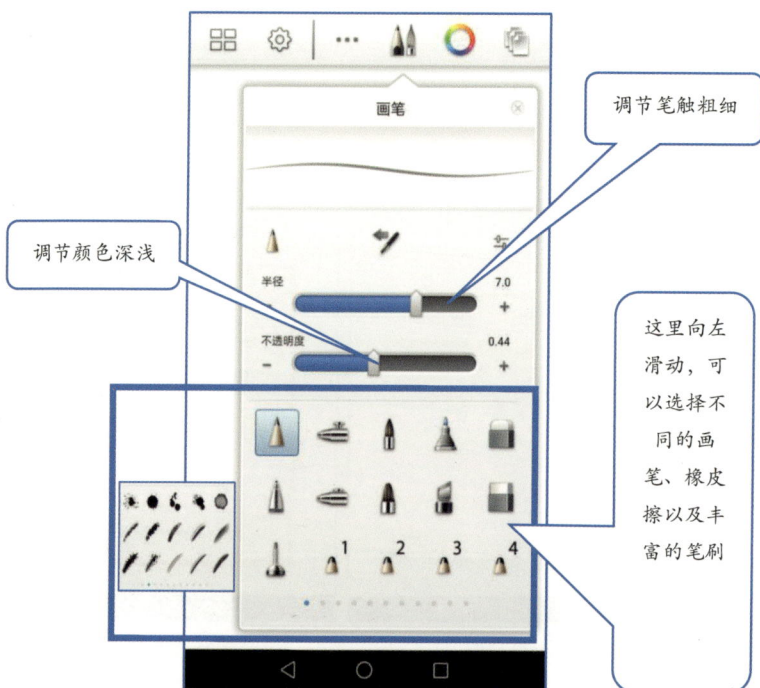

画笔

调节笔触粗细

调节颜色深浅

半径 7.0

不透明度 0.44

这里向左滑动，可以选择不同的画笔、橡皮擦以及丰富的笔刷

（四）选择颜色

可以直接在色环上选择颜色，也可以用吸管在画面中吸取颜色。

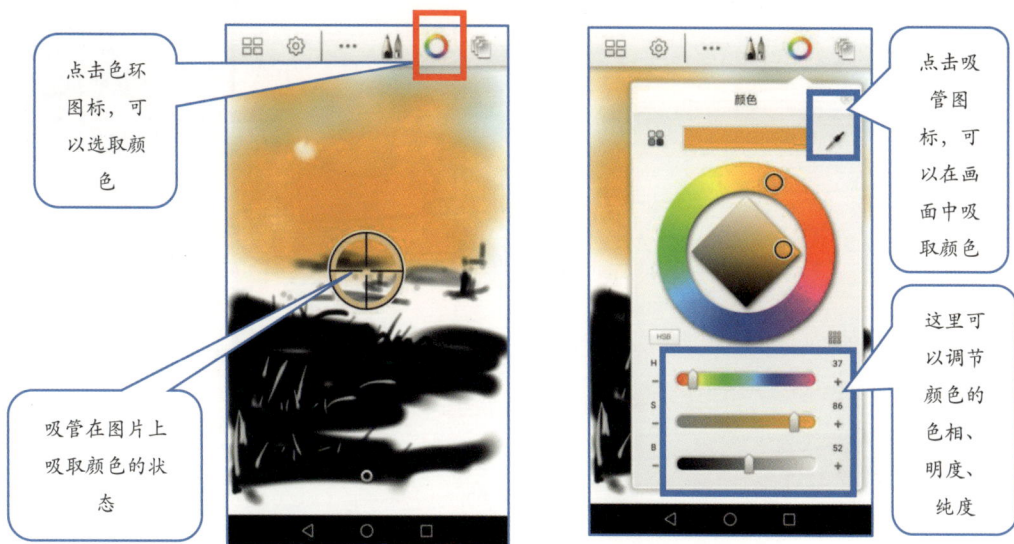

点击色环图标，可以选取颜色

吸管在图片上吸取颜色的状态

点击吸管图标，可以在画面中吸取颜色

这里可以调节颜色的色相、明度、纯度

（五）绘制作品

下面以画一串葡萄为例，选用"铅笔"工具，在图层1起稿，接着选择"喷枪笔"在图层2铺大体色调，然后选择自己喜欢的画笔，在图层3进行深入刻画。如果以上绘画步骤全部在一个层上操作也是可以的，只是不便于作品修改。当然，也可以建三个以上的层，比如每粒葡萄可以建一个层，葡萄的叶子也可以单独建一个层，根据个人喜好而已。作品完成后，点击图层1和图层2左上角的"眼睛"图标，将图层关闭。这时，只看到图层3的图像，也就是最终的作品。

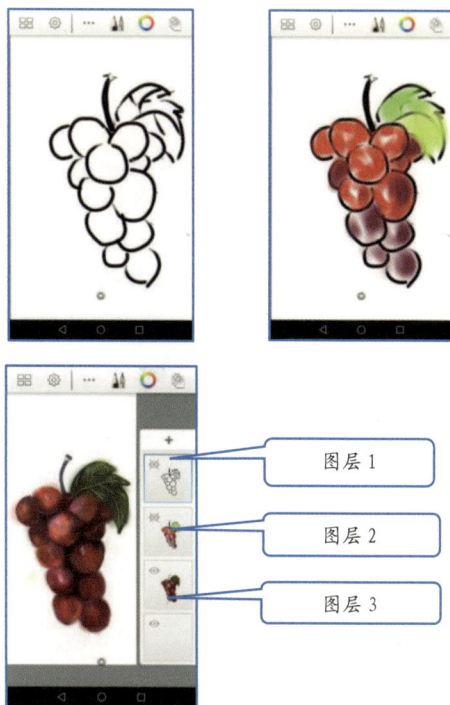

图层1

图层2

图层3

（六）分享交流

点击左上角四个小方块，选择"保存"，这时作品就保存到软件的图库中。如果要分享作品，再次打开软件，点击左上角四个小方块选择"图库"，在软件的图库中打开该作品，点击"分享"图标即可以将作品以 PNG、JPEG、PSD 三种格式进行分享。

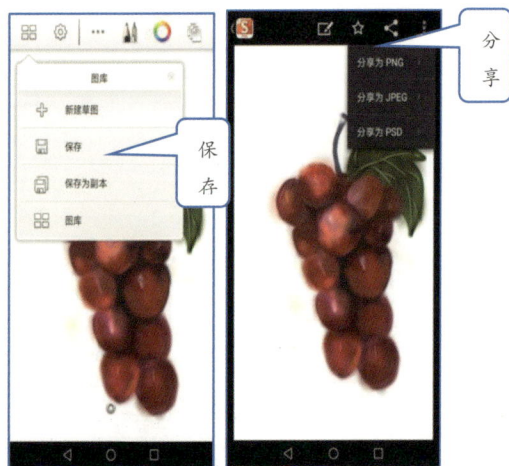

佳作欣赏

请欣赏奉贤区头桥中学部分学生运用"绘画神器"创作的部分数字绘画作品。这些作品有的是对照风景照片进行写生，有的是学生根据平时积累的素材自己构思创作。

拓展实践

　　"绘画神器"创作的数字美术作品不仅限于借助网络进行展示，我们可以将作品转印到我们喜爱的生活用品上。下面是头桥中学部分学生为自己设计制作的极具个性化的马克杯。他们将自己创作的数字美术作品先用热转印纸打印出来，然后通过热转印机将作品转印到马克杯上，设计出具有个性化的马克杯。

　　你也可以尝试将作品转印到衣服、鞋子、帽子、书包等生活、学习用品上。

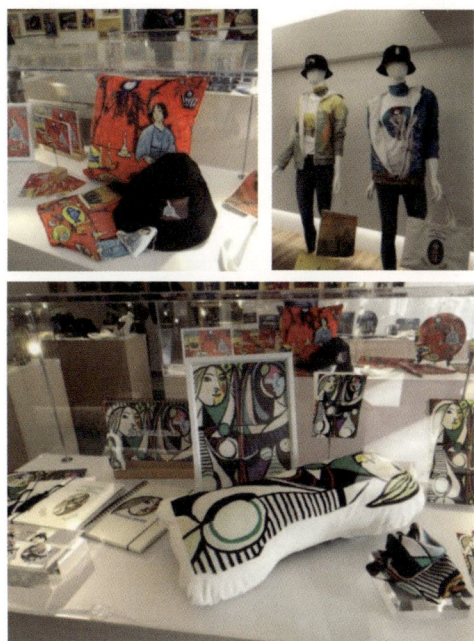

现代剪纸

"妙趣剪纸" 助你纸上生花

主题先导

剪纸艺术是一种镂空艺术，通过一把剪刀一张纸，剪出的作品能给人以视觉上镂空的感觉和艺术享受。在你平时学习剪纸的过程中，你遇到出错率高，纸张浪费大，效率低下该怎么办？

不用发愁，因为"妙趣剪纸"可以帮你解决这些困难！"妙趣剪纸"是一种剪纸利器，有了这款利器，你就能够高效、环保地完成你的剪纸创作。本章节将带领大家一起学习巧用"妙趣剪纸"来完成你的高效、环保的剪纸创作。

软件介绍

"妙趣剪纸"是一款简单有趣且中国味十足的剪纸应用程序。它创新地将现代元素融入传统的中国剪纸艺术，让传统剪纸艺术变得更具现代感和趣味性。在"妙趣剪纸"的世界里，你无须剪刀和纸，只要用你的手指就可以创作精美剪

纸作品。软件中自带的一款剪纸相机，让你每拍一次都有出乎意料的惊喜，自带的剪纸教程可以让你掌握"妙趣剪纸"的基本操作流程。创作的作品可以一键保存或及时分享到新浪微博、QQ好友、微信朋友圈等众多社交媒体，与朋友们分享剪纸的无边乐趣。心动了就打开"妙趣剪纸"亲手创作属于自己的剪纸作品吧！

技术链接

一、快速入门

运行"妙趣剪纸"软件，选择"乐学剪纸"按钮，这里有一些剪纸图案设计与制作的案例，可供初学者学习参考。下面我们从右图右上角这张剪纸团花为例开始学习吧！

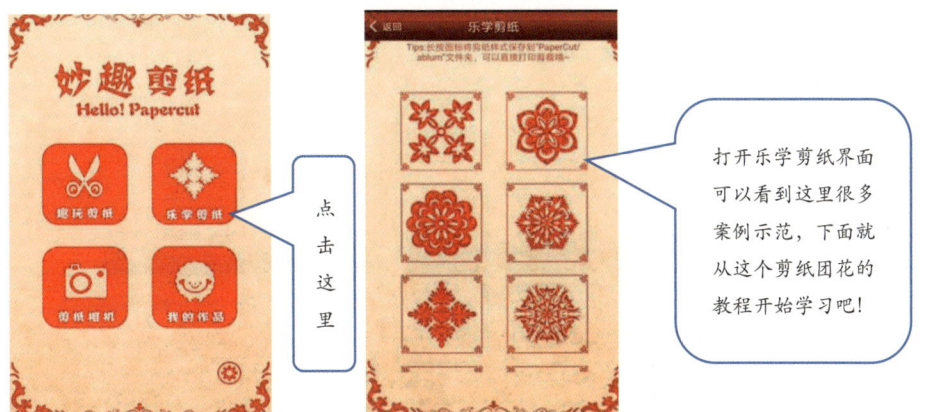

点击这里

打开乐学剪纸界面可以看到这里很多案例示范，下面就从这个剪纸团花的教程开始学习吧！

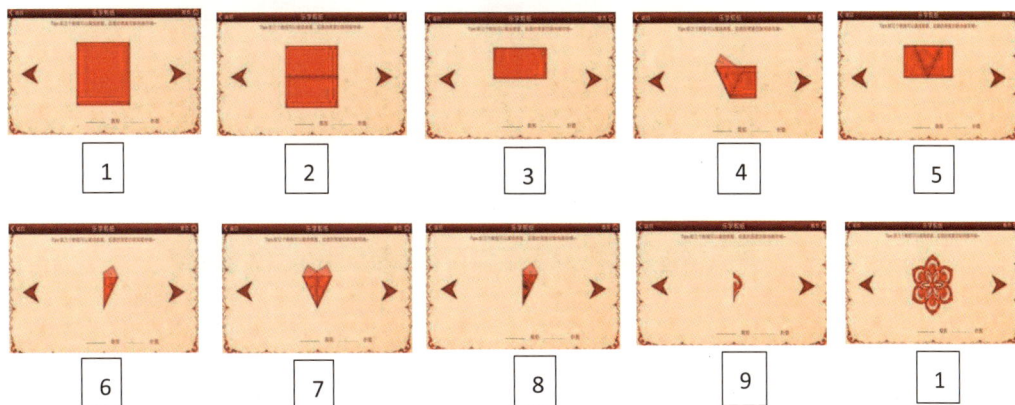

1	2	3	4	5

6	7	8	9	1

二、实践操作

（一）运行软件

双击桌面图标打开软件，呈现下图界面点击"趣玩剪纸"（剪刀现状图标）开始创作。

点击这

（二）选择纸张颜色

在色环上选择纸张颜色，然后按"确定"键，呈现右图界面

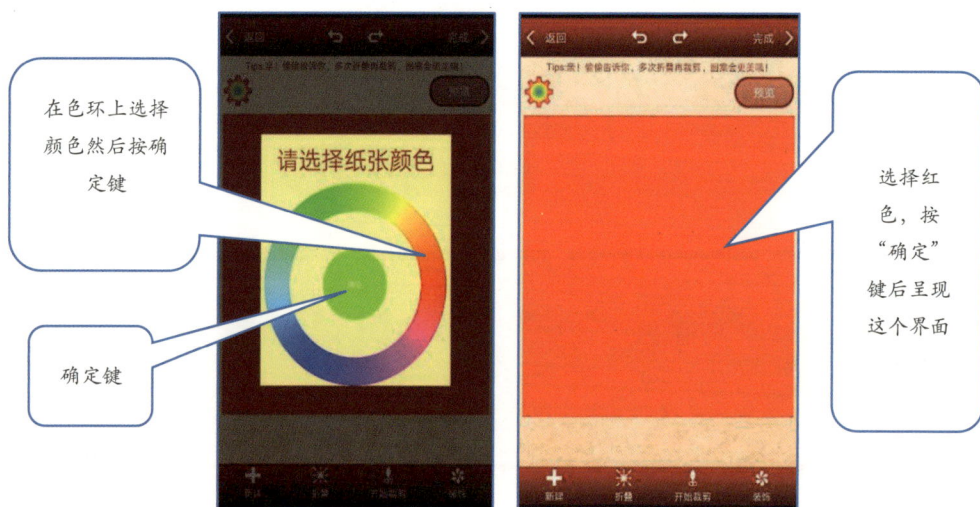

在色环上选择颜色然后按确定键

确定键

请选择纸张颜色

选择红色，按"确定"键后呈现这个界面

（三）折纸

点击"折叠"按钮，可以上下对边折、左右对边折，也可以对角折。

小贴士

上下、左右对折工具栏在这里选。多次折叠再裁剪，图案会更美

（四）掌握裁剪技巧

裁剪前可以用单个手指将折好的形状移动到屏幕合适的位置，并可以用两个手指将其放大，这样方便剪切操作，然后点击"开始裁剪"按钮，用单个手指或电容笔在屏幕上划动模拟剪刀进行裁剪。

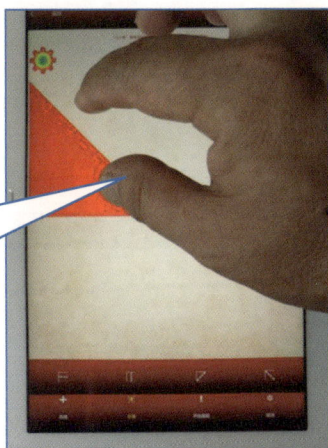

单指可以移动作品、双指放大或缩小作品

手指滑动模拟剪刀裁剪

注意：当要剪除某块面积时，需要用手指或电容笔围绕这块面积裁剪，并形成闭合路径，才能将此面积剪除。

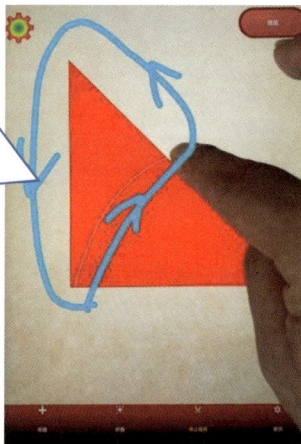

小贴士

剪除后的效果

（五）设计图案并裁剪

根据自己设计的图案进行裁剪创作。

裁剪过程中，可以通过"预览"功能及时调整修改图案

满意之后点击"取消预览"，作品即完成。

点击"分享"可将作品保存到本地也可以分享到QQ、微信等网络社交平台

三、转换成传统剪纸作品

（一）完成数字剪纸作品后，然后点击"取消预览"按钮将作品返回到前一步骤的折叠状态。

取消预览点这里

折叠状态

（二）将图案颜色由原来的红色变为深蓝色，否则红色纸张覆盖在红色图案上看不清楚，不利于拷贝。然后将红纸按照该作品在数字剪纸作品创作过程中的折法进行折纸。

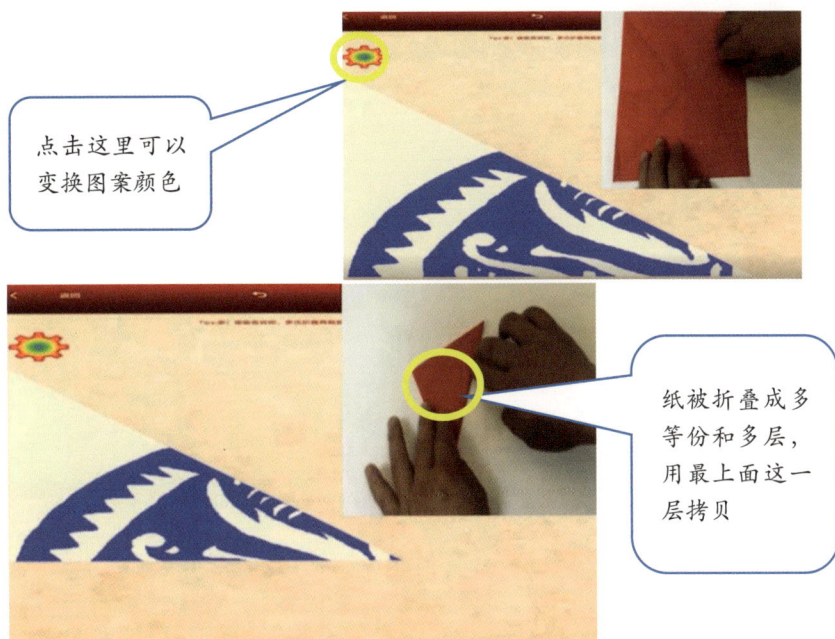

点击这里可以变换图案颜色

纸被折叠成多等份和多层，用最上面这一层拷贝

（三）将纸展开覆盖在数字剪纸作品上，用记号笔将图案拷贝下来，然后将纸折回展开前状态，用剪刀进行剪切。

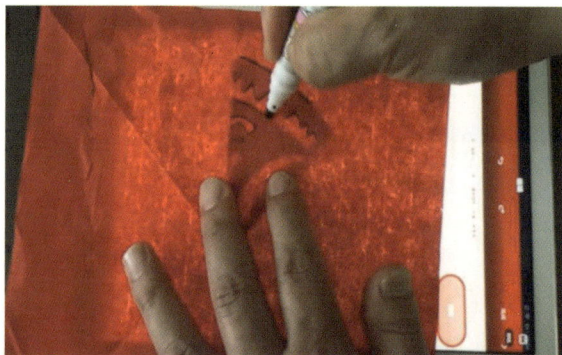

小贴士

拷贝前先将图案大小缩放到和纸折叠后面积大小基本吻合，然后保存为图片，再将保存后的图片打开让图片处于编辑状态，这样图片大小以及位置就固定住了，在屏幕上不会移动便于拷贝。

佳作欣赏

以下是奉贤区头桥中学的学生利用平板电脑下载的软件——"妙趣剪纸"进行创作的团花剪纸作品。他们先用"妙趣剪纸"设计制作成数字团花作品，然后用纸覆盖在平板电脑上进行拷贝，再用剪刀裁剪，完成了由数字剪纸到传统剪纸的转变。

头桥中学学生为学校"50周年校庆"活动设计制作的灯笼作品

拓展实践

　　"妙趣剪纸"还具有"照相剪纸"的功能,尝试用"照相剪纸"功能为自己、同学、家人、亲朋好友或者自己的偶像设计制作一幅肖像剪纸作品吧!

青春剪影

"美图秀秀" 实现百变梦想

主题先导

　　校园生活，缤纷多彩，科技节、艺术节、运动会、各类社团活动、庄严的仪式教育、年级班级的主题活动……老师们同学们都会用照片来记录这些青春的点滴。但是拍好了之后发现会有一些小遗憾，比如色彩、构图等小问题，那么这就需要有一款强大的照片处理软件来帮忙。本章节就教大家用非常流行的图片软件—— "美图秀秀" 来实现你的美图梦想。

软件介绍

　　"美图秀秀" 是一款很好用的图片处理软件，有电脑版、手机版、Ipad版和网页版，简单易用，比PhotoShop简单多了！虽然现在的P图软件不断推陈出新，但是 "美图秀秀" 依旧是功能非常齐全的一个软件。独有的图片特效轻松打造各种影楼、lomo效果，强大的人像美容功能：一键美白、磨皮祛痘、瘦脸瘦身等，自由拼图、模版拼图等多种拼图模式，加上不断更新的精选素材，可以让你1分钟做出影楼级照片！ "美图秀秀" 还支持一键发到新浪微博、人人网、腾讯微博……

技术链接

一、打开软件

我们看到主界面，有主功能导航栏，欢迎界面快速功能栏，还有右侧功能

区域，如下图

二、创建文件

点击美化图片，进入如下界面，可以看到有打开图片的几种方式，也可以自己

新建，新建自己想要的颜色或透明图，

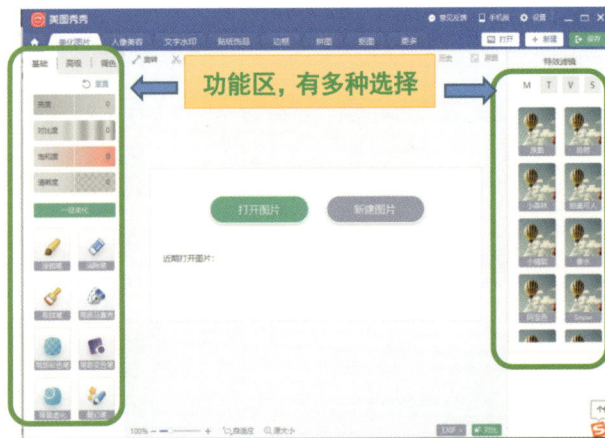

我们选择打开一张本地图片，选择好后进入如下图界面，可以看到我们选择主功能导航按钮时，在左侧中间部分就会出现该功能的详细划分功能，右侧则会显示一些特效功能，或是更细分的功能。

生活中，很多图片不尽如人意，比如背景会很乱，或者图片中有很多我们不想要的画面或者 logo，这时我们可以尝试用"消除笔"功能，只要选择恰当的画笔粗细，

涂抹在需要消除的区域，按保存就可以啦，我们看看下图消除前后的对比图：

三、拼图功能

导入多张图片后，用拼图功能，里面有自由拼图、模板拼图、海报拼图、图片拼接等功能，根据自己照片的用途来选择。 以下是用自由拼图模式，在右侧在线素材中选择适合的，有很多风格，如简洁、可爱、时尚、风景……接下来可以自由调节图片大小、方向等。

接下来，我们还可以在拼图后加上文字。文字有漫画文字、动画闪字、文字模板，有很多可以选择，我们可以做出很多文字效果。

添加"爱眼护眼手抄报比赛"这几个字，用最简单的输入文字，在右侧选择文字特效，有描边、荧光、纹理、多彩、渐变、破损、果冻等，选择荧光效果，在文字编辑框里输入文字，选择好字体、样式、字号、旋转度数、透明度、颜色等，最后按"应用"保存，如下图：

小贴士

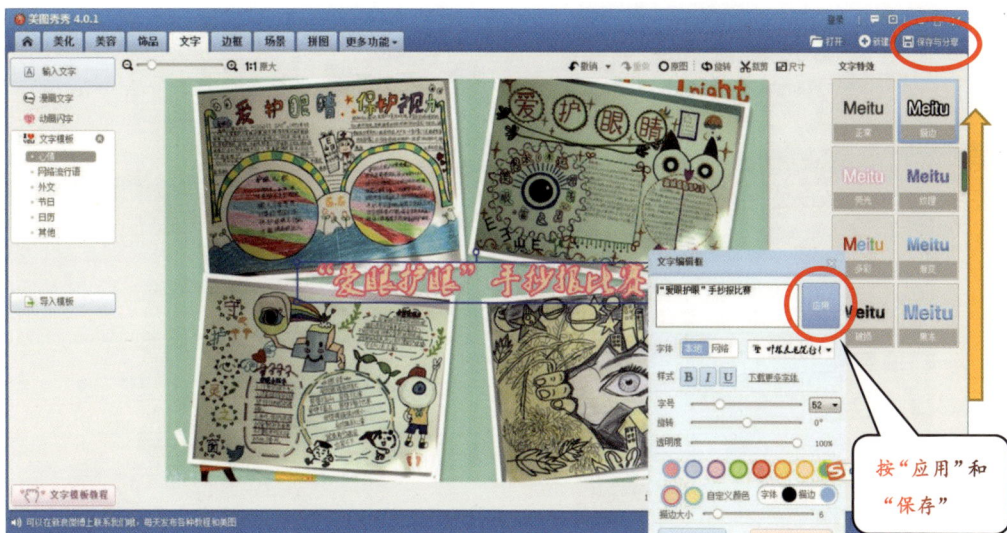

　　"美图秀秀"还有很多其他功能，如超强的人像美容功能，可以瘦脸、瘦身、祛痘祛斑、美妆等。还有批量处理、分享功能等，可以把美化好的图片分享到朋友圈，同时有海量的素材供选择。手机版拥有电脑版功能之外，还有网络达人们发布的各种修图的教程以及动态，不清楚的同学通过在线的教程可以学到更多的P图方法。

佳作欣赏

　　校园生活异彩纷呈，很多学校在活动开展后都会通过公众号进行宣传，这就需要把大量的活动照片进行美化、拼图，以达到最佳的宣传效果。下面请欣赏上海市绿川学校的同学们为学校秋季校运会、校园十大歌手、"温馨教室"教室布置大比拼活动中，利用"美图秀秀"的拼图、美化照片等功能编辑的活动照片吧！

拓展实践

1."我与国旗合个影"

五星红旗，载着我们的梦想，在蓝天下飘扬，在心田里绽放。请同学们拍摄自己或者祖国的守护者们与国旗合影的照片，通过"美图秀秀"，利用美化图片、添加文字、拼图等功能，表达对祖国母亲的热爱。

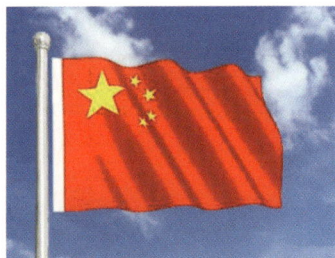

2. 云毕业照

2020年，因为一场蔓延全国乃至全球的疫情，同学们经历了云相聚、在线学。在这个特殊的云毕业背景下，云毕业照也应运而生。请同学们尝试运用"美图秀秀"，制作一张自己班级的毕业照，送给班级同学一份不一样的毕业礼吧！

试当小导演

"Storyboard Pro" 助你轻松画出分镜头脚本

主题先导

青春——人的一生中最美好的岁月，那些共同拼搏时的汗水、师生同学间的情谊、艺术节中的闪光时刻、运动会时胜利的喜悦，梦想和希望让青春飞扬！

你是否曾尝试用镜头记录下自己的青春，拍摄成一部微电影？是否觉得成片效果与想象中的有一定差距？是否遇到拍摄手法单一、后期剪辑困难、节奏风格把握不好等问题？其实在拍摄微电影时我们使用的剧本通常是文学剧本，但文学剧本是不能直接用来进行拍摄的，还要根据剧本内容和总体构思，写成包括镜号、场景、时间长度、画面内容、景别、镜头运动、音乐、音响等内容的分镜头脚本。

本章节将介绍如何使用 Storyboard Pro 轻松画出分镜头脚本，完成从文学性想象到影视化思维的创造过程，记录那些无比绚烂的青春时刻！

软件介绍

Storyboard Pro 是一套功能齐全的故事板和样片制作软件，适用于动画片、电视剧、2D/3D 混合项目、真人电影动画、视频游

戏或活动策划等。这是一套全新概念的，传统与数字无纸绘画方法相结合的分镜头台本绘制软件。借助 Storyboard Pro 可以将同学们的设计创意转换成一个视觉故事，从而形成一个完整的作品。

技术链接

Storyboard Pro 的功能界面可分为五个部分：

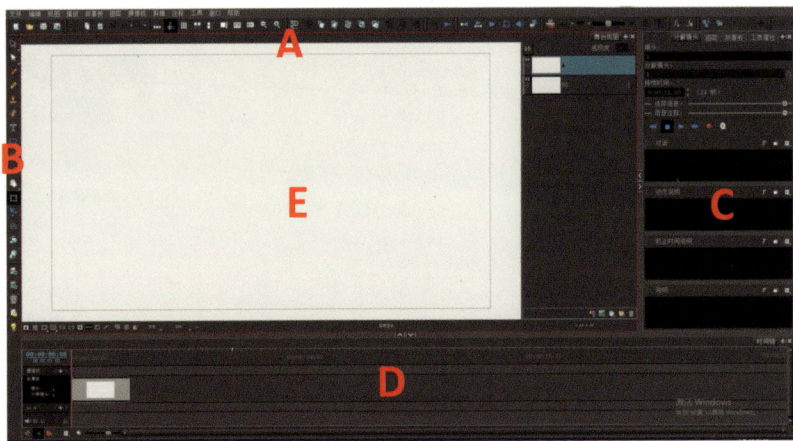

顶部 A 区域包括常用菜单、视图转换、新建镜头、和回放工具栏等。

左侧 B 区域包括选择、画笔、填色、取色等绘制工具。

右侧 C 区域包括剧本、分镜头、工具、文件夹等面板。

下侧 D 区域是缩略图或时间线区域。

中间 E 区域是绘制区域。

> Storyboard Pro 的工具栏还可以根据需要进行个性化调整，简洁好用。

小贴士

一、 选择剧本

剧本的打磨非常重要，是制作"故事版"的基础。在剧本阶段要反复推敲，如果要修改任何地方，越早修改成本越低，修改剧本总是比修改"故事版"容易。直到确定不太会改变剧本了，再进行"故事版"的制作，把精力放在镜头语言和影片的节奏上，仔细推敲"故事版"，才能事半功倍。

例：时钟从12：09走到12：10，走廊和教室空荡荡的，只有小A留在教室里看书，他摔伤了，脚上打着石膏。"咕~~~"小A捂着胃，趴在桌上叹了口气，神情难过。有人拍了他一下，小B气喘吁吁满头大汗地递上一盒香喷喷的饭菜，笑着说："快吃吧，我也去吃饭了！"小A看着饭盒双眼湿润，哽咽地说："谢谢！"

二、 打开 Storyboard Pro 软件

在电脑上安装 Storyboard Pro 软件，双击快捷方式打开软件。

Toon Boom Storyboar...

三、导入剧本

1.将剧本文本复制到"故事版"中

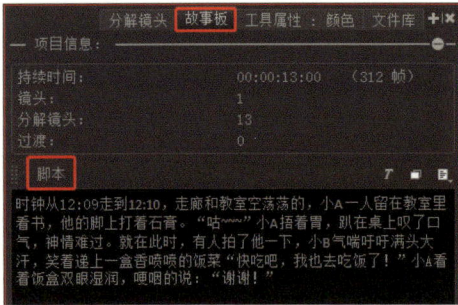

"故事版"最基本的组成元素是分解镜头（Panel），多个分解镜头组成一个场景（Scene），多个场景组成一个连续镜头（Sequence），多个连续镜头组成一幕（Act），它们之间是层层递进的关系。

2. 新建分解镜头

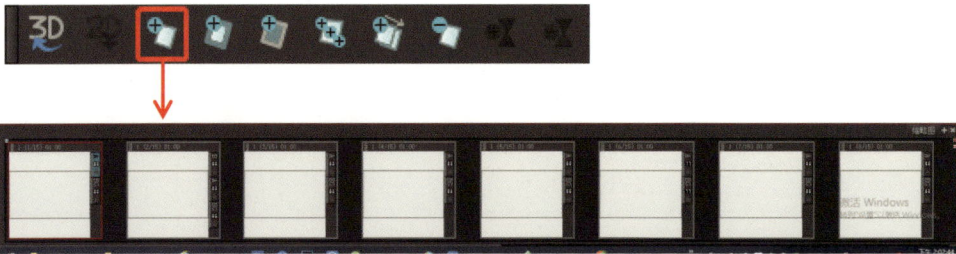

3.将剧本文本分配到对应的分解镜头里，一般只填写对话和动作说明

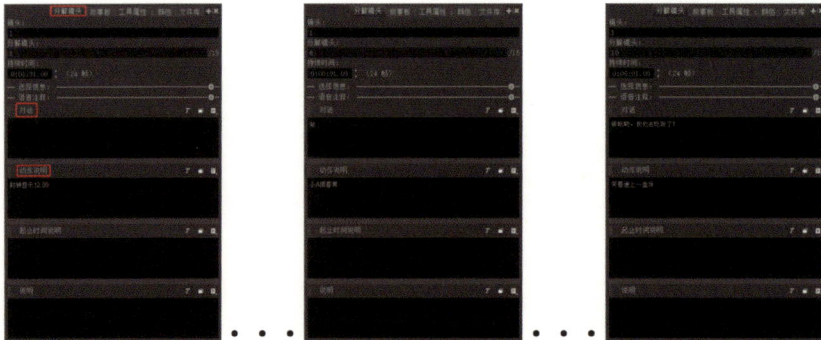

44

四、 绘制"故事版"

1. 用画笔工具绘制"故事版"

如遇复杂场景，可在文件库中导
入图片，再将图片拖至绘制区域。

2. 相同的图层可以通过拖拽复制到新的"故事版"中

五、 时间调整与图层动画

1. 从绘制工作区调整到时间线工作区

2. 在分解镜头中调整镜头时长

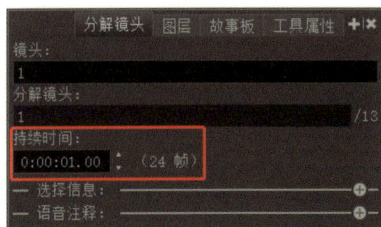

3. 选中图层，在工具属性中添加关键帧，配合缩放调整让画面动起来

六、镜头运动

1. 打开摄像机视角和摄像机工具，中间点移动位置，左上角点控制大小

摄像机工具

摄像机视角

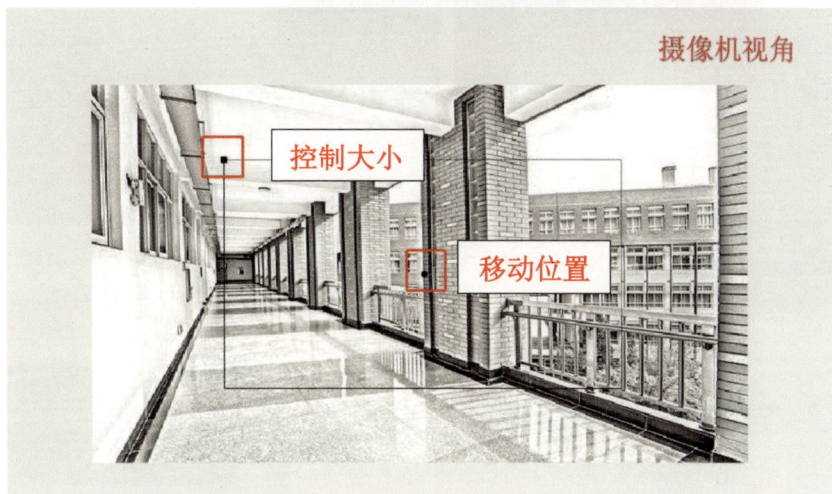

控制大小

移动位置

2.选中摄像机工具后，在工具属性中可添加摄像机视角的关键帧，一般添加开始和末尾两帧。如图所示红框和绿框是镜头捕捉的画面范围，它们会出现在自动生成的平面"故事版"小图中作为画面的注解，而在导出的动态视频中镜头则会按照相应的方式移动。

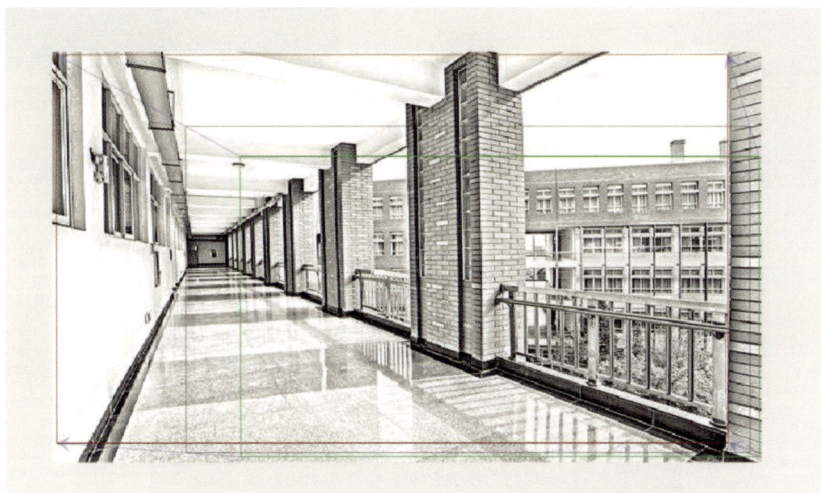

七、添加声音

在分解镜头中打开语音注释，点击录制按钮后会弹出"录制语音注释"对话框，点击录制按钮正式开始录制。

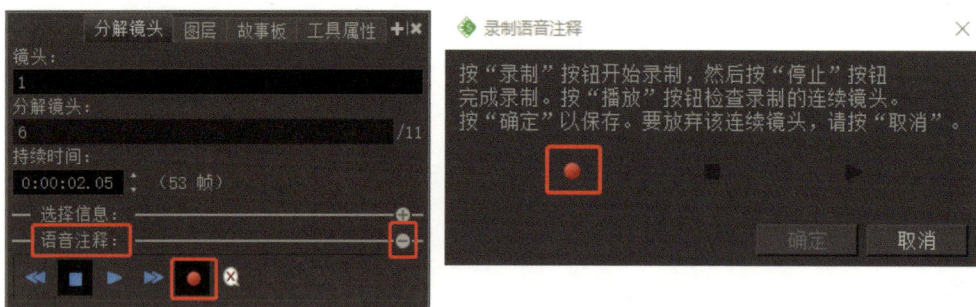

八、导出"故事版"

完成绘制后可以选择直接导出动态视频，如 wmv、flash 等格式，也可以选择导出平面"故事版"，如 Harmony、PDF、JPG、PNG、Quick Time 等。

以导出 PDF 为例，点击文件--导出--PDF，弹出对话框，点击编辑配置文件按钮。

将所有字体改为简体中文，确定后导出 PDF 文件，就能得到一份完整的分镜头脚本了！

Toon Boom 举例

镜头	持续时间	分解镜头	持续时间
1	25:15	1	03:00

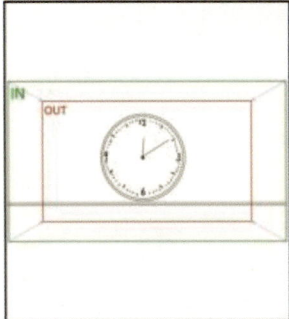

对话
秒针音效

动作说明
时钟显示12:09

镜头	持续时间	分解镜头	持续时间
1	25:15	2	01:00

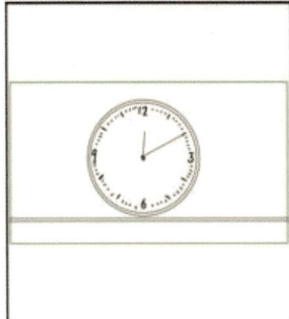

对话
秒针音效

动作说明
时钟显示12:10

镜头	持续时间	分解镜头	持续时间
1	25:15	3	04:00

动作说明
走廊和教室空荡荡的

恭喜你！完成了分镜头脚本！现在和同学们一起拍摄微电影吧！

佳作欣赏

请欣赏由上海市杨浦高级中学同学们拍摄的视频《言约纸远》，请添加"艺术新空间"微信公众号查看。

拓展实践

1. 制作一首班歌 MV，用 Storyboard Pro 制作分镜剧本。

2. Storyboard Pro 还可以制作动画片，请你观察校园生活，捕捉创意灵感，制作一个微动画。

要求

分镜头运用流畅自然，画面形象简捷易懂，明确分镜头间的切换方式，明确对话、音乐、音效等标识。

AI 拼贴画

"马卡龙"玩转创意农民画

主题先导

你还在为怎么修改你的美照绞尽脑汁吗？你还在为调整画面背景头疼吗？

本章节将带领大家利用马卡龙玩图来颠覆传统美颜滤镜的修图方式，为你提供 AI 识图、AI 图片处理、一键智能图片创作等功能，让你用最简单的方式完成天马行空的创意。

软件介绍

马卡龙修图是一款智能视觉创作手机 APP，凭借其在全球领先的 AI 技术和颠覆传统美颜滤镜的修图方式，成为了 P 图界的新宠。该软件内置了很多强大的功能，它提供智能识别、人景分离、无限分身等特色功能，每天给你一个新玩法，只要你想法到位，什么样的作品都能在你的手指下诞生。

软件特点：一是操作简单，能够智能识别出人、背景、车、小鸟、猫、狗等多种元素，方便用户对单个物体进行独立编辑,一键把你的照片变成艺术品。二是功能酷炫，通过人景分离，可以对背景和人物单独添加滤镜，也支持各种模糊功能，同时可以对图片背景进行不同的切换，指触之间，幻游世界，随心玩图。三是分享创意，这款 APP 不仅能够作为工具来使用，还可以在社区分享许多独具创意的作品。

技术链接

一、海量模板 随心穿越

利用马卡龙APP上的模板，让自己随意穿梭在模板的情境中。

（一）打开软件，选择模板

各种主题的模板，在搜索框中输入心仪的模板主题，既可得到该模板界面。

（二）选中图片

点击图片中"点击替换"字样，在手机素材库中点击需要的照片。

（三）调整细化

点击照片中人物后，再点击底边栏右下角的"√"，界面中的人物随即出现在模板画面中，将人物的大小、位置调整到合适的状态。

（四）色调融合

这时画面中人物和模板画面还不是很融合，点击人物或者点击底边栏的"人物"然后找到并点击底边栏的"色调融合"，你可选择系统自动调节的色调，点击右下角的勾。

（五）完成创作

画面调整好后，点击界面右上角的"完成"，完成的作品可以点"仅自己可见"，也可以发布到社区，发布前可以发表自己的感言。

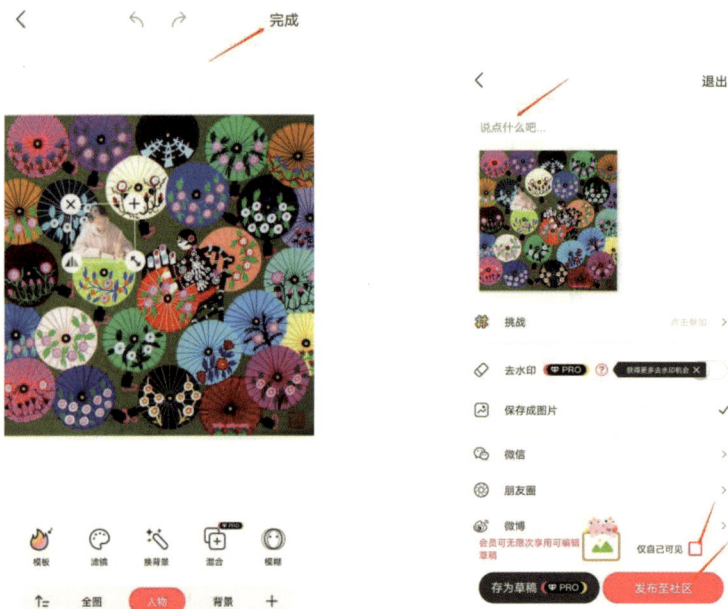

二、人景分离 百变滤镜

利用马卡龙单独对照片的背景进行编辑，更换不同的滤镜，不同的风格渲染，既突出照片中的个体，让你实现那些天马行空的创意；又可以使照片看起来更具有艺术感，让普通照片秒变艺术品。

（一）打开马卡龙软件，点击屏幕下方的"＋"，从手机相册选择照片上传。马卡龙玩图 APP 会自动分析图片，并瞬间识别出照片中的人、狗、猫、小鸟、车、背景、天空等元素，将图片分成可编辑的区域。并在底边栏显示出来。在底边栏我们就可以选择要编辑的区域。

（二）选择点击"背景"，然后点击底边栏中的"模糊"，你立马就可以欣赏到马卡龙玩图智能模糊功能的效果，平时照片中无意拍入的人或物，也可以通过智能识别将其模糊从而保证自己的照片内容。

（三）再来感受一下马卡龙 APP 滤镜的油画效果，点击底边栏的"滤镜"，在下面各种滤镜效果中选择你喜欢的风格，点击"毕加索"，就可欣赏到自己"奔跑"在毕加索油画中。

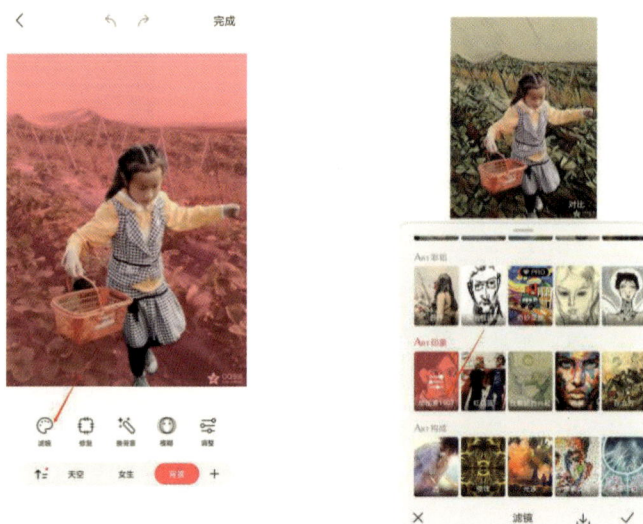

（四）你也可将画面的人物分离出来，让自己任意穿梭在各种画面中。点击"换背景"，然后在背景素材库中寻找你喜欢的背景，点击"浪漫花海"系列中的"花海之恋"，瞬间你就出现在美丽的花海之中。

（五）如果你想追求完美，点击人物周边的框调节大小和位置，也可用"手动抠图"将人物不要的部分用"橡皮"擦除即可，还可以用滤镜选择更融合的色调，最后点击完成发布到社区即可。

佳作欣赏

上海市吕巷中学的学生们利用马卡龙玩转创意农民画的部分作品，充分体现了"人在画中行，画随我心创"的美妙意境。

拓展实践

一、校园海报我最靓

每学年校园里都会有科技节、艺术节、体育节、读书节等校园主题节日，每个校园主题节日是每个同学施展个性的舞台，同学们，快打开马卡龙，利用 AI 技术来制作一张展现自己创意个性的海报吧。

二、我心随我游

2020 年的疫情让宅家变成新常态。同学们，宅家不宅心，打开马卡龙，随它天南海北，只要你有想法，就可以制作一张你最心仪的旅游照了。

视频篇

云端合奏

"剪映"点燃音乐梦想

主题先导

　　2020 年突如其来的新冠疫情将一切打破成规。这个春天虽然人人居家隔离，但是却无法隔离我们爱音乐的心。人们纷纷记录下自己美妙的歌声与琴声，通过剪辑软件将相隔千里的旋律拉进同一时空，共同演绎动听的乐曲。热爱音乐的你是否也想通过自己的制作，与小伙伴们一同演奏呢？

　　本章节，我们一起来学习《剪映》这款便捷的手机软件，将不同地理位置的演唱演奏视频剪辑合成一首共同的作品，奏出大家心中的美好憧憬！

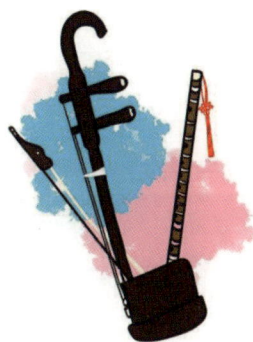

软件介绍

　　《剪映》是由【抖音】官方推出的一款手机视频编辑工具，可用于手机短视频的剪辑与制作。这款软件的剪辑功能非常全面，主要功能包括：切割、变速、倒放、画布、转场、贴纸、字体、语音转字幕、音乐收藏、曲库、变声、画面调节、滤镜、美化。其中，它的画中画功能可以支持多个视频的同步播放与编辑合成，大家一起用"云"合奏连接你我他心中的歌吧。

技术链接

如何制作一首"云"合奏小视频，如何运用《剪映》软件的画中画功能剪辑出多人多声部的音乐作品呢？相信同学们已经迫不及待想学习了解一下了，让我们来看看如何操作吧！

一、创建文件

在手机上下载并打开《剪映》软件，进入操作界面，点击【开始创作】，进入手机中的视频列表，选择事先录制好的单声部视频文件，在右下角点击"添加"确认。

选择
"添加"

进入编辑主界面后，可在下方的菜单栏点击【画中画】图标，看到"新增画中画"字样点击"+"再次进入手机中的视频列表，选择事先录制好的单声部视频文件并确认添加。此时便可看到编辑主界面中有两个视频文件叠层在编辑框内，如需多个可按此步骤继续添加。

点击"画中画"图标

在视频库中选择你需要添加的视频

二、 视频编辑

对已选择的视频进行编辑。

长按进度条可左右拖动，调整视频进入的时间点

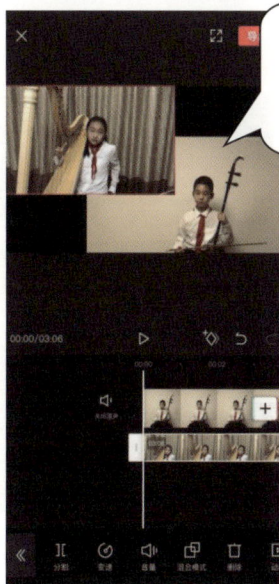

长按画面可自由调整画框大小

1. 画面编辑：可通过拖动视频移动他们的排列位置，调整它们的画框大小，每条视频均可通过裁剪进行长宽比例的微调达到你满意的效果。除此之外还有旋转、镜像等功能。

点击"分割"可裁剪视频长短以对齐声部

"分割"后视频变成两段，可分段做调整处理

2. 声音编辑：每条视频均可通过分割、变速、音量来进行声部对齐。可以先点击播放键听一听每条视频的声音效果是否符合我们的演奏演唱曲谱要求。如有多余的片头花絮视频，可直接用"分割"功能裁剪删除。通过反复多次试听确保被编辑视频的出音效果达到"同步整齐"。

可调整每段视频的音量

退出层级编辑后可点击"新建文本"加上你想要的字幕

3. 细节美化：除画面编辑与声音编辑外，我们还可以将视频的美化功能进行进一步细化。如将每个小视频的音量根据作品需要进行强弱调节。给视频添加一些动画图案、文字编辑等等。

添加"贴纸"
或"特效"来
丰富视觉效果

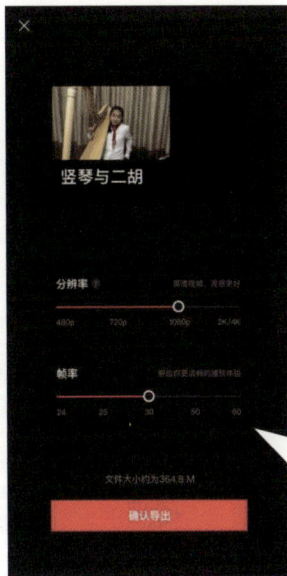

选择你需要的
分辨率,即可
确认导出

三、 保存与导出

编辑完毕后,点击【导出】。编辑界面会显示文件大小再次请你确认所需要的画质效果,包括"分辨率"和"帧率",最后再次点击【确认导出】等待导出完毕后,"云"合作小视频便制作完成啦。

小贴士

为了达到更好的效果,用于"云"合奏编辑视频在录制时要注意以下几点:

1. 可佩戴蓝牙耳机,边播放示范音频边演奏自己的声部,尽量将演奏的速度、节奏与音准同示范的录音保持同步。

2. 录制过程保持周边环境安静,不要出现其他噪音。手机统一采用横屏进行拍摄,背景选择白墙或浅色为佳。

3. 人物大半身入镜,必须在画面中间。

4. 入镜服装整洁,颜色和背景有对比,演奏表情自然,动作潇洒,展示良好的精神风貌!

佳作欣赏

《剪映》中的视频处理功能让我们实现了空中的云相会。在疫情期间，很多老师和同学们都受到启发，纷纷解锁提升了自己运用多媒体软件的技术！

请登录艺术新空间欣赏由上海市学生艺术团民乐二团老师和同学们共同合作完成的民乐"云"合奏《七彩之和》第一乐章。

《七彩之和》第一乐章

拓展实践

在手机上下《剪映》映软件，找你的社团好友一起选一首好听的乐曲，分配好声部后，分别进行视频录制，再用我们刚才介绍的画中画功能编辑成一首"云"合奏小视频与大家分享吧。

推荐几款其他好用的手机视频合成软件

如【Vmoon】视频拼贴功能，【美图秀秀】视频美化处理的画中画功能，【VUE】、【Bigshot】、【videoleap】等等，都能帮我们实现"云"合奏的效果，同学们不妨都试试吧！

小贴士

校园自媒体

"Vmoon" 记录青春时光

主题先导

从懵懂少年到青春韶华，一次次难忘的学校活动、艺术节、运动会都留下了与同学老师相处的精彩瞬间。每一段成长的时光都值得细细品味。手机中记录的视频和照片只要稍加编辑，也许就是大家成长道路中最有意义的足迹。

本章节将介绍一款 Vmoon 视频编辑软件，它可以在较短时间内将有趣的瞬间浓缩或拼接后进行发布，在记录精彩瞬间的同时，培养大家发现美、创造美的能力。

软件介绍

编辑视频的软件有很多，大家常用的软件有：iMovie、会声会影、快剪辑等。Vmoon 软件相较于其他视频编辑软件可在手机或 ipad 上直接操作，功能丰富且操作简单明了，适合用手机拍摄照片或视频后直接进行编辑，尤其还可以进行图片和视频的拼贴、为视频增加贴纸等功能，可在较短时间内将精彩内容进行浓缩，快速生成视频、GIF 等创意形式并分享到其他软件或社交平台。

技术链接

正值中考前夕，低年级同学们录制一段视频为初三年级的学长学姐加油，老师们把想说的话写在了纸上以照片的形式为同学们加油，这段视频结合了照片、视频、文字和音乐，在学校公众号和宣传屏进行播放。让我们来看看，视频是如何制作完成的吧。

一、素材准备

在制作视频前，首先要在手机或 ipad 中准备好制作所需的视频、照片以及背景音乐等素材。

二、软件操作

打开 Vmoon 软件后，可以较清晰的看到视频制作过程中运用到的各项功能。

（一）视频裁剪

我们拍摄的视频不能直接使用，通常会选取其中的一段，这就需要用到 Vmoon 的"裁剪"功能。

点击"裁剪"，选取需要编辑的视频，左右移动箭头选取需要的视频长度进行剪裁，最后进行保存。

移动两侧箭头
拖拽进度条，选
取需要的视频
片段，最后点击
提取裁剪。

（二）视频拼接

如果要完成一段为初三年级学长学姐中考加油的视频，现在已经将拍摄并剪切好
的视频导入了 ipad 中。点击"拼接"，选取需要拼接的视频。

点击按钮，可以调整每个视频的顺
序，为视频间添加转场效果等。

长按拖动视频可以调换视频顺序。

转场效果使视频更加丰富，连接更为流畅。

小贴士

当我们使用视频转场效果时，需要注意不同转场效果的时长，这可能会影响到前后视频播放的长度。转场效果也并非越复杂越好。赶快动手来尝试一下可以令视频锦上添花的转场功能吧！

（三）添加文字和贴纸

为了让观看者更加了解视频表达的内容，使视频的画面更加丰富。我们可以为视频添加一些文字或者图片。

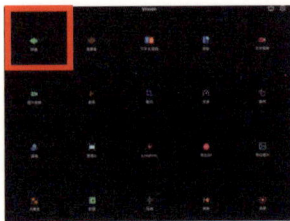

点击按钮，从上至下功能为：添加文字、软件自带表情符号、现场拍摄照片和已经下载保存到相册的图片。

试 一 试

打开网页下载一张需要的图片，保存至相册，点击"文字&贴纸"功能，选取视频，点击右边按钮，添加图片至视频中。

小贴士

添加图片至视频中后，可能会对原来的视频有遮挡，这时可以根据整体需要，调整图片大小、位置或在屏幕上徒手画出自己想要的图片形状并添加到视频中。

点击编辑文字。

调整文字大小或位置。

复制当前文字。

滑动进度条可调节文字在视频中停留的时长。

选择文字出现的动画效果及时长，时间越长，动画效果速度越慢。

编辑文字后，点击文字右上方，下拉任务栏，可以修改：字体、文字颜色、大小、字间距、行间距、背景颜色等，可选择性非常大。

（四）添加滤镜和音乐使视频更具观赏性

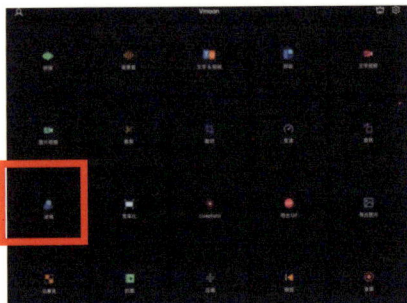

为视频添加合适的滤镜效果。

从不同的路径为视频添加背景音乐，渲染氛围。

三、生成视频并分享

编辑完成后点击右上角，生成视频，保存到本地相册或传送到"QQ"和"微信"进行保存，也可以分享至其他设备或已安装的 APP 中。

佳作欣赏

上海市建设初级中学毕业典礼中播放的视频《时光入海 不负未来》，回顾了即将毕业的初三年级同学在校四年的精彩时刻。请大家搜索"艺术新空间"微信公众号欣赏。

拓展实践

在校园生活中，有很多精彩时刻值得我们记录。如校园艺术节、校园运动会、主题班会、社会实践活动、研学活动、艺术课的小组表演等，请大家通过学习Vmoon 的软件运用，用手机、ipad 制作一段微视频，若干年后它将是你们最美好的回忆。

青春万花筒

"Premiere" 映现美好校园情

主题先导

Vlog，就是视频博客或者视频日记，它用影片的方式来取代图文记录自己的生活。用Vlog的形式将拍摄后的材料通过后期编辑美化，如在Vlog上面添加文字、图片、音频等之后，可以直接把自己的Vlog视频上传到多方平台发布。Vlog作为一种表达意见和展示生活的新方式，要比单纯的文字或图片更加直观，深受当代人们的喜爱。近年来，Vlog逐渐风靡全球，本章节将教大家用Premiere软件制作出属于你自己的Vlog。

软件介绍

Premiere是一款常用的视频编辑软件，简称Pr。有较好的兼容性，是视频编辑爱好者和专业人士必不可少的视频编辑工具。它可以提升同学们的创作能力和创作自由度，是易学、高效、精确的视频剪辑软件。Premiere提供了采集、剪辑、调色、美化音频、字幕添加、输出、DVD刻录等一整套流程，并和其他Adobe软件高效集成，使同学们足以完成在编辑、制作中遇到的所有挑战，满足大家创建高质量作品的要求。

技术链接

一、基础操作

（一）新建一个项目和素材导入

1、打开软件，新建项目——编辑"名称"——选择存储"位置"——"确定"。

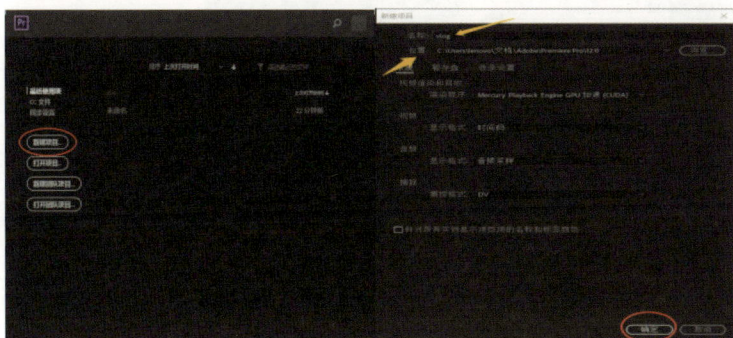

2、进入软件编辑页面。

"素材箱"——双击鼠标导入需要编辑加工的素材。

"时间轴"——将素材箱导入好的素材拖拽到时间轴内进行编辑加工。

"监看窗口"——实时呈现对视频进行编辑加工后的结果。

"效果参数调整"——对素材添加效果后根据所需进行参数调整。

（二）对素材进行剪辑

1、双击"素材箱"导入素材——拖拽到"时间轴"——将"指针"移动到需剪辑处——选中"剃刀"进行剪切。

如需将视频、音频分开剪辑：选中素材——鼠标右键"取消链接"。

2、剪切完成后——选中"选择工具"——将不要的素材选中——鼠标右键选择"清除"，也可以按键盘上 Delete 键删除。

（三）添加效果

在"效果"菜单栏下选择你要添加的效果拖拽到时间轴即可。通过"效果参数"调整所需特效参数。

（四）添加字幕

指针移到需添加字幕位置——选择 T"文字工具"——"监看窗口"红色框中输入字幕——根据需求对字幕进行大小、颜色、字体"效果参数调整"。

（五）字幕滚动

选中字幕——"效果控件"——"运动"——"位置"选择所需上下、左右移动。

同学们也可以根据上述方法添加自己喜欢的图片、logo 等，让他们也运动起来。

（六）给视频配音

1.方法一：简单易操作，但音质略差。

指针移到要配音的位置——选择音频轨道 A1"话筒"——图标变红——"监看窗口"出现倒计时"3、2、1"后开始录制。

2.方法二：操作稍复杂，但音质较好。

进行第二种录制方法前请先设置：

1、选中音频项——编辑——首选项——音频——勾选（时间轴录制期间静音输入）。

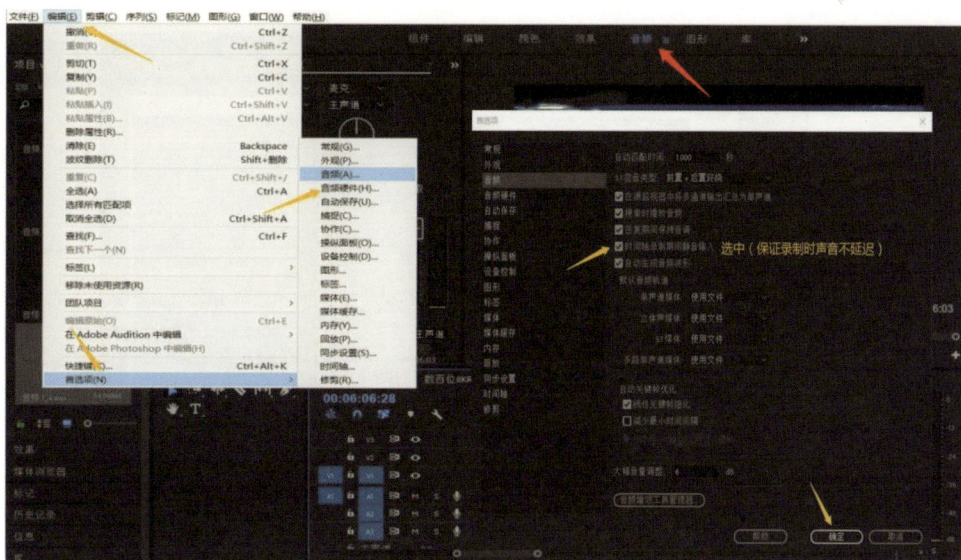

2、选择"R"启用轨道进行录制——开启红点"录制"——点击播放键开始录制——再按一次播放键完成录制。

（七）导出文件，生成Vlog

文件——导出——媒体——格式（H264）——选择输出名称和位置——导出。

只需简单的七个步骤，就可以生成独具个人特色精彩的 Vlog。当然软件 Premiere 还有强大的功能，相信未来在同学们不断的探索、练习下，会产出越来越多有趣的 Vlog 的，那还等什么，加入我们，一起记录属于自己的"青春万花筒"吧!

佳作欣赏

艺术大文科——《走进艺术场馆》是上海民办兰生复旦中学的特色探究课程。学生们将参观艺术场馆后的所感所想用 Premiere 制作成 Vlog 呈现出来。请添加"艺术新空间"微信公众号查看两部作品

一、《凝固的音乐——雕塑（走进静安雕塑公园）》

二、《外滩钟楼之行》

拓展实践

一、亲爱的你们

愉快的校园生活中离不开关心你的老师、有爱的同学，包括那些陪伴你走过四年的课桌椅、一间间教室、食堂……用镜头记录下那些有趣可爱的人、事、物，把他们用Vlog的形式通过Premiere加工后呈现出来吧。

二、走进艺术场馆

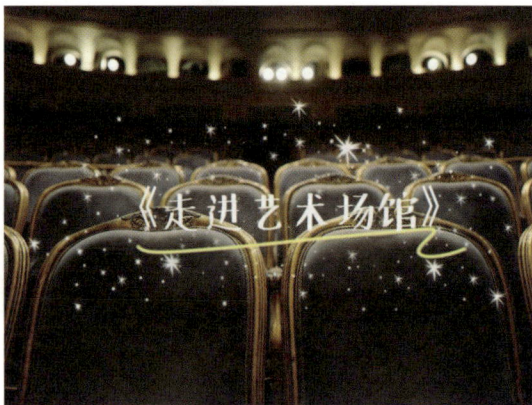

艺术是一个城市的灵魂，作为魔都的上海到处充满着艺术气息。同学们叫上三五好友，带上设备，走进场馆，去深入了解艺术给人们带来的不同感受。将拍摄到的那些美丽画面用Premiere加工后传递给更多的人，让人们发现美、感受美、传递美，做一张属于上海的艺术名片。

字幕随心添

"ArcTime Pro" 让你成为字幕小达人

主题先导

校园艺术节上，全员参与的"班班有歌声"比赛，需要一个有班级特色介绍字幕的视频文件作为背景；一次假期志愿者小队活动，老师要求大家制作一段对活动内容，对生活、对大自然美好记录的字幕视频文件；一个演讲、主持比赛中，需要上交一份带有演讲稿、主持稿字幕的微报告；甚至是为一个自己喜欢的音乐制作一个卡拉OK样式的字幕。前期的视频文件我们都已录制完成，可是字幕不会添加，该怎么办？

本章节将教会同学们利用 ArcTime Pro 这款电脑软件，制作带有字幕的视频文件，让你轻松上手，速度学成，不再为无字幕视频而烦恼。

软件介绍

ArcTime Pro 是一个全新理念的可视化字幕创作软件，可以运行在 Mac、Windows、Linux 上。它借助精准的音频波形图，可以快速地创建和编辑时间轴，还可以进行高效的文本编辑、翻译。无论你是否拥有字幕脚本，其独创的"字幕块"概念，在时间轴拖动的条件下，都可以让你轻松地完成字幕添加的需求，字幕编辑完成后，仅需单击"视频转码"按钮，即可轻松完成字幕压制工作，是一款简单、强大、高效的跨平台字幕制作软件。

技术链接

一、软件的下载与安装

ArcTime 目前有两种版本：标准版 1.2 与最新版 ArcTime Pro2.4，ArcTime Pro2.4 相比标准版 1.2 系统更加优化更加稳定。

> 网页搜索 https://arctime.org，选择你电脑适配的版本进行下载，根据对话框提示进行安装，安装成功后，即可双击使用该软件。

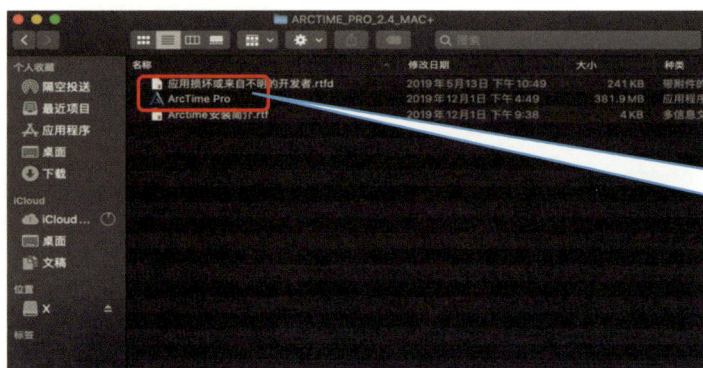

双击"ArcTime Pro"的应用程序，开始安装

接下来我们就可以使用 ArcTime Pro2.4 版本为自己的视频添加字幕啦！

二、软件使用方法

（一）导入视频文件

● **方法一：**

点击文件——选择"导入视频文件"——选择你需要添加字幕的音视频文件

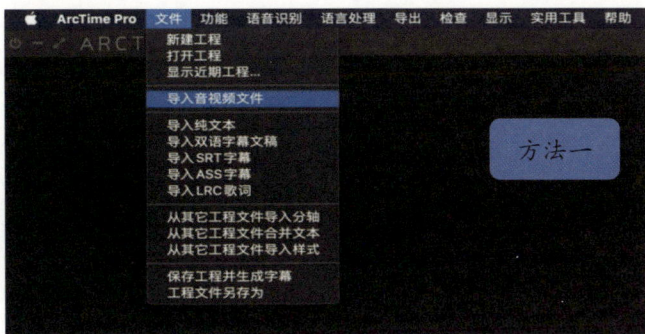

方法二:

点击准备好的音频文件，拖拽到主界面中

(二) 导入字幕文本

● 方法一:

如果你拥有很完整的字幕文本素材，就像这样

注意: 导入文本素
材需要使用"txt"
格式的文件哦!

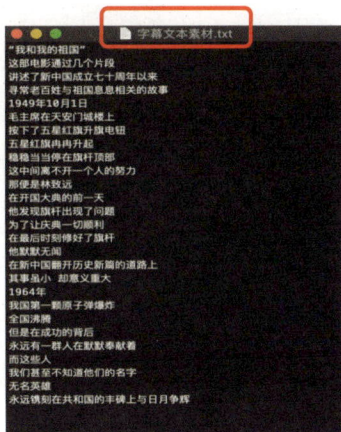

点击文件——选择"导入纯文本"——选择准备好的"txt"格式的字幕文本——

点击"继续"。

打开字幕文本后，会弹出文本预览。通常情况下 ArcTime 会为你自动检测编码，如若有检测失败或乱码，可以尝试选择其他编码，直到没有乱码，点击继续。

- **方法二：**

在右侧 → 文本栏中直接进行字幕输入。

注意：在断句的地方进行字幕的换行

（三）字幕与视频的结合

使用"快速拖拽创建工具"，点击按钮/按快捷键 D，切换到这个工具

切换后你会看到有一句话随着鼠标一起移动，这就是你在字幕文本内容区域最上面的一句话。

接下来，在下方波形图中，将视频进程拖到起始位置，点击播放按钮，开始跟随视频的播放在波形图区域进行拖拽字幕。

视频进程拖到顶端，点击播放

拖拽完一句，右侧
字幕文本内容区域
会对应减少一句

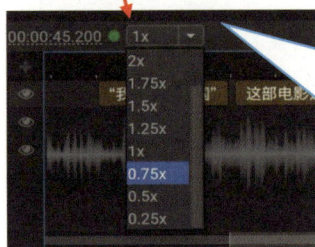

在拖拽的过程中，如果你觉得视频
过快，拖拽速度跟不上，那么可以
选择切换播放速度后重新开始。

小
贴
士

添加字幕还可以运用按键拍打的方式来代替鼠标拖拽！

切换到"快速拖拽创建工具"后，交替按"J""K"键，即可添加字幕。

(四)预览字幕

　　所有字幕文本拖拽完毕后，我们将视频进程拖拽到顶端，点击"选择工具/使用快捷键 A 或 V"，点击播放键，可对制作的视频字幕进行预览。

字幕已经出现啦!

选择工具
快捷键 [A或V]

小贴士

　　预览后，如果你对部分段落不满意，还可以选择在波形栏中对个别字幕进行微调。

1949年10月1日

(五) 设置字幕样式

　　在 ArcTime Pro2.4 中你可以选择自己喜欢的字幕样式，字体、颜色、大小、字幕在视频中的位置都可以进行设置。点击样式管理——选择"编辑选定样式"——选择自己所需的样式——点击应用

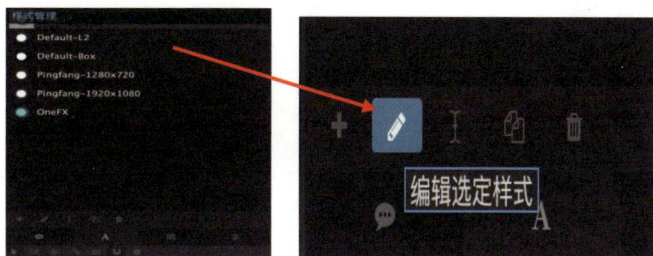

编辑选定样式

颜色

字体

字幕位置

（有9个位置可以选

（六）导出/压制视频

点击导出——选择"快速压制视频（标准 MP4）"——点击开始转码——生成

"_Video_Export"后缀的文件夹——视频制作完成

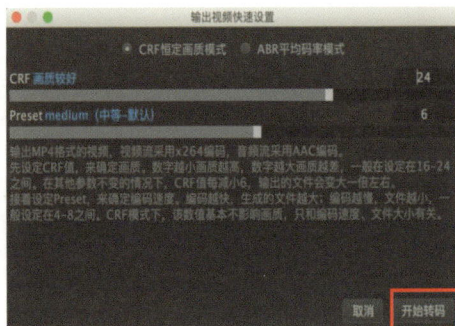

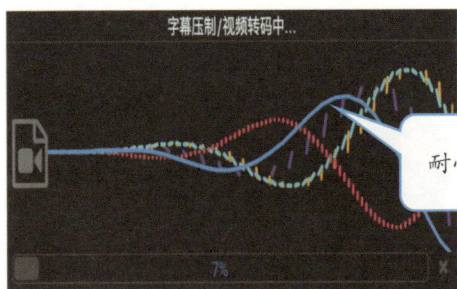

耐心等待吧！

微报告
_Video_Export

佳作欣赏

班级就像一个可爱的大家庭，同学们如兄弟姐妹般互相关心着、帮助着，互相照顾着、鼓舞着，一起生活、一起学习、一起长大。在一起的日子会转瞬即逝，但留下的美好回忆却需要我们的记录和留存。

这是上海市铁岭中学初三学生为校园艺术节准备的班级特色视频，我们来看看它的字幕效果吧!

拓展实践

1.添加 vlog 字幕制作

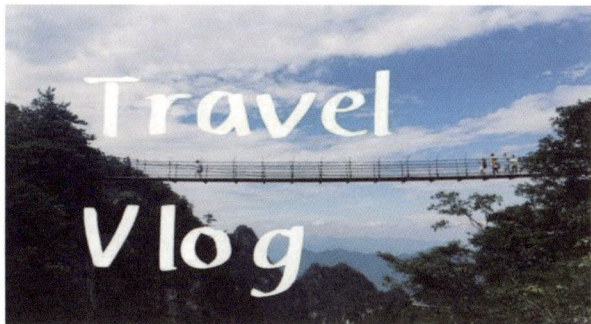

对于 00 后来说，vlog 已经逐渐成为了记录生活、表达个性最为主要的方式。而 ArcTime Pro 则是帮助同学们在 vlog 制作中添加字幕较方便、快捷的工具。记录一次旅行、记录一次社区服务、记录一次小队活动，为这些珍贵的视频添加精彩的字幕吧。

网络艺术节

"Camtasia Studio" 呈现你艺术之美

主题先导

还记得去年"春暖花开"校园艺术节活动吗？由于疫情的原因，同学们的西乐、民乐、声乐、舞蹈、钢琴、朗诵等近百个节目由老师通过视频编辑软件，编辑并上传至网络。相信2020年这次特殊的网络艺术节一定会成为我们共同的记忆。

本章节就请大家一起来用《喀秋莎》制作软件制作属于自己的艺术小视频，上传自己优秀作品，参加今年的网络艺术节的展演吧。

软件介绍

《喀秋莎》软件，即"Camtasia Studio"，它是一款集结了录屏、录音、编辑、合成等强大功能的专业录像及视频编辑软件。由于它操作便捷并且容易上手，所以很多师生都用它来制作视频。你可以将喜欢的音乐与视频结合起来，或是把你的才艺视频编辑美化，或者将伙伴们的才艺视频结合起来变成合奏。通过录屏功能还能助你成为艺术小讲师呢！

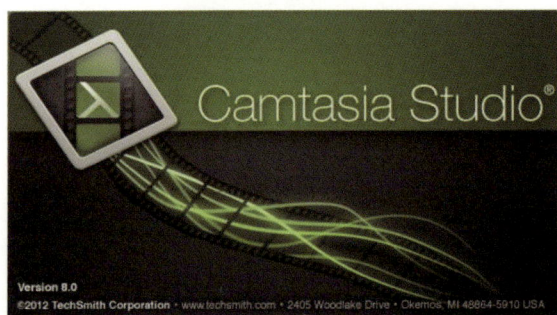

技术链接

一、安装软件

先安装软件，打开图标，选择新建项目，进入"视频编辑"界面。可以清晰地看到视频制作过程中运用到的各项功能。左上方是添加效果功能，左下方是工具栏。我们来放大看一下。例如媒体、转场、行为、动画、指针效果等及认识工具栏。

使用 Camtasia Studio 制作，具体可分为四个步骤。分别是素材导入、编辑以及保存和发布。

二、软件操作

（一）准备素材，制作"艺术小视频"

1.素材准备

说到素材准备，同学们，在艺术学习的道路上，你肯定积累了很多的照片和视频，还有感想。在制作视频前，先在电脑中建立文件夹，根据本章节的需要，准备好制作所需的视频、照片以及背景音乐等素材。

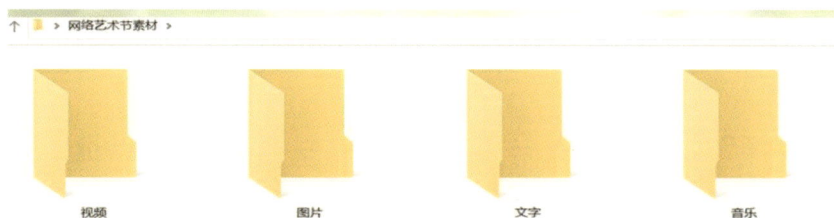

2、插入素材

从导入媒体中，找到素材所对应的路径。选取你需要的素材并点击"打开"。按住鼠标左键，拖动到编辑轨道中。当素材依次放置在编辑轨道上后，我们可对素材进行拖动或缩放，来调整它的位置及大小。注意图片间无缝连接，否则会有黑屏出现。

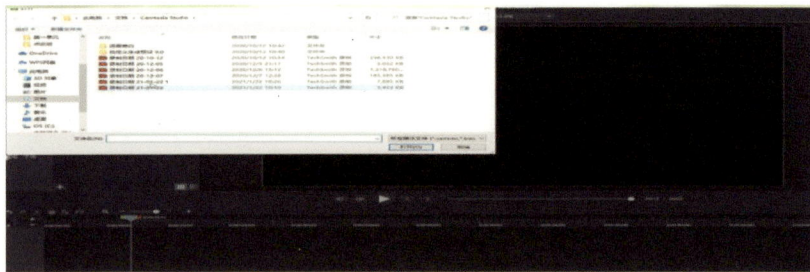

（二）编辑素材，制作"艺术小视频"

素材导入后，就可以添加效果了。这些都可以不同程度的使视频内容更加生动、引人注目。

1.为图片插入音乐

导入媒体库中你喜欢的音乐，把它拖入音频轨道，对他的长短及位置进行剪辑。

如：王老师为艺术节片头选的音乐

2.添加注释、字幕

点击注释选取你喜欢的字体、颜色等。

合适的文字能对画面起到画龙点睛的补充说明的作用。毕业后，再打开这一段视频，这些文字能帮你回忆起那段值得纪念的光阴。

3.动画效果

按动画按钮选择比例缩放，把一张张零零落落的照片拼成一张温馨的爱心图。

4.视频声音处理

如果你想在"艺术小视频"使用统一的背景音乐，那需要处理下视频原来的声音。

鼠标右单击轨道上的视频素材，选择"分离音轨"，原视频的声音将出现在另一轨道

上。鼠标点击声音素材，拖动素材左右边框，就可调整素材播放时长。

温馨提示：随时保存

（三）保存与导出

录制好的视频就要准备保存——当录制完成后，会出现"预览"窗口，可以预览

录制好的视频。检查视频中音乐录制是否完好满意进行保存。

预览文件　　　　　保存文件　　　　　保存项目

如果保存好的视频有些小问题，可再次通过剪辑的方式解决。只需点击"文件"菜单，然后点击"保存项目"子菜单，输入文件名即可。

佳作欣赏

民办阳浦小学——2020校园艺术节大赛精彩瞬间！请添加"艺术新空间"微信公众号欣赏。

拓展实践

各位同学在学会了《喀秋莎》的视频编辑后，不仅可以制作艺术成长记录，还可以制作自己的小队活动、生日会等。

尝试一下录屏功能以后，还能做成微课，助你成为艺术小讲师！期待你们更多精彩的作品！

爱的传递

"Final Cut Pro X" 分享浓浓爱意

主题先导

　　2020 年，一场突如其来的疫情将人们都困在了家中，音乐爱好者们也无法出门。但是，疫情挡不住他们对音乐的热爱以及对艺术的追求，演奏家们开始借助信息化技术，尝试新的合奏演奏方式——云合奏。新型的演奏方式不仅将热爱音乐的人们隔空相连，也拉近了人与人之间的距离，让人们重新燃起了战胜疫情的勇气与斗志。

　　云合奏如何做到画面统一、音色统一的完美效果呢？素材都拍摄好了，选择什么样的软件来进行后期制作呢？

　　本章节将着重介绍一款强大的视频制作软件——Final Cut Pro X，与大家分享疫情期间小演奏家们的云合奏作品。

软件介绍

　　Final Cut Pro X 是苹果 IOS 系统下一款操作简单又较为专业的视频制作软件，它充分利用 Mac 所有的处理器核心，可在视频导入的同时进行编辑、媒体格式检测、视频防抖处理、人脸与镜头侦测、色彩平衡和音频过滤。Final Cut Pro 提供了一套专业的工具和大量的视频特效，与相关的音频制作软件相配合，可以创建优质的高清视频和影片。它为后期视频制作工作流程的每个部分增添了非凡的速度，质量和灵活性，精彩的新功能和直观的界面设计，让后期制作的效率得以进一步提升。

技术链接

一、安装下载

需要配备一台 Mac 电脑，在 APP store 中进行下载安装。

二、了解软件界面

（一）多媒体（视频、音频、文字、图片）素材管理

软件内置了许多字幕的呈现方式，除此之外，外部导入的素材也会在此处呈现。

（二）素材编辑界面

可在此处编辑文字内容、视频效果等。

（三）时间轴编辑和剪辑

所有的视频轨道、音频轨道都在此处呈现，也可以在这里对素材进行剪切、复制、裁剪等制作。

（四）视频预览和导出

视频制作过程中，可以随时在此处预览已经编辑好的视频的呈现效果。

三、素材准备

提前将要制作的音频录制好。将标准音频发给演奏同学，请演奏同学带耳机演奏，拍摄视频素材。

小贴士

这里可以自行演奏录制音频，也可以用"库乐队"等音频制作软件直接制作 midi 小样。本案例中使用的是直接制作好的 midi 音频。

四、制作视频

(一)新建项目

打开软件，点击"文件-新建-项目"，输入名称后，点击"好"。

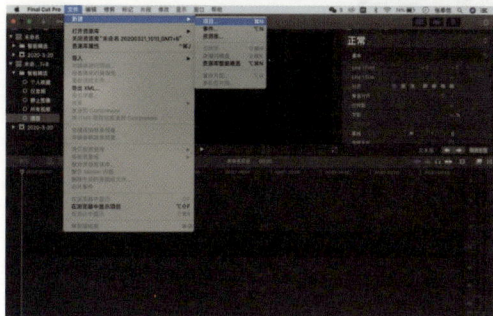

(二)导入素材

将所需素材全部导入到素材库中，以作备用。

点击"文件-导入-媒体"，找到所要导入的媒体位置后，选中并导入。此时，所要编辑的视频和音频就会出现在素材管理界面中。

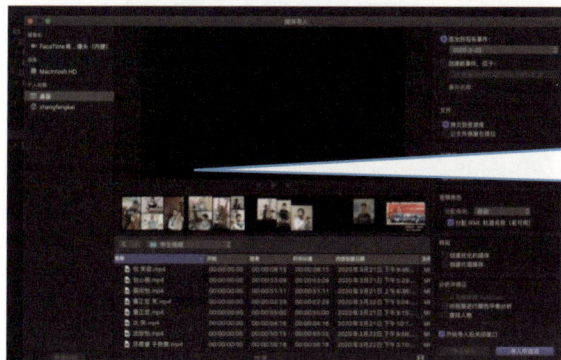

导入素材

素材管理
界面

（三）添加标准音频为制作模板

将制作好的标准音频添加至制作轨道，按照截取的音乐段落进行分段。

直接将音频拖入到此处

小贴士

因为是"云合奏"，作品素材视频较多，为了更加有序的制作视频，因此，midi音频将会作为一个重要的"线索"贯穿整个作品，制作前可将音频分段，逐段制作对应视频。

（四）制作音乐片段一

1.导入编辑轨道

将所需视频导入到视频轨道。

将所需视频拖入到此处

2. 编辑视频画面

在软件预览框中可以预览该视频。选中视频，进行"变换""裁剪"，将其放到整个画面中合适的位置。

此键可"变换""裁剪"视频画面大小

3. 截取视频长度

根据本段音频长短，裁剪视频长度，并将视频音量调整到合适的位置。

"修剪"可以将视频长度进行调整

4. 添加剩余素材

制作方法与素材一一样，逐一完成制作即可。

小贴士

可以利用"自动吸附功能"，完美地将视频轨衔接而不留痕迹。

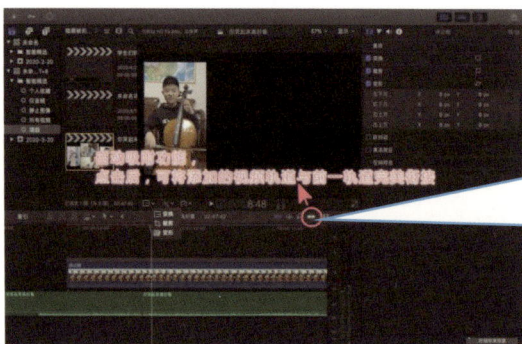

"吸附"
功能键

将视频素材变换、裁剪时，要注意整体界面的美观度。并随时利用预览界面下的播放按键，全屏预览已制作好的部分。

播放键　　全屏播放

（五）制作剩余片段

使用以上方法，制作剩余的音乐片段。

（六）润色视频

1. 添加转场。右下角按钮可以添加转场，将转场拖动至所需位置，使画面转换更加流畅。

转场图示　　转场键

2. 添加字幕

素材库中有内置字幕可以选择，将选择好的字幕样式拖至下方制作区所需视频相同的位置，在素材编辑区域编辑文字内容。

（七）导出视频

视频制作完成后，要在视频编辑区域选中所有轨道，顶部菜单选择"文件-共享-apple 设备 720p"这一栏，后弹出对话框，输入作品名称，点击存储。待作品存储完成的提示音出现，就大功告成了。

佳作欣赏

用音乐传递微笑

请登录上海外语大学附属双语学校官网，欣赏本章节范例作品：由上海外国语大学附属双语学校华乐学生民乐团的"云合奏"作品《你笑起来真好看》。

拓展实践

突破音乐的次元壁——二次元音乐与国乐的结合

5G 新时代的来临，音乐类型也在进行着大胆革新。"二次元音乐文化"传播正是借助互联网文化，以迅猛之势成为中国流行音乐文化的闪亮新星，也深受 90 后、00 后甚至 10 后的喜爱。创新的脚步在前进，传统的文化不能丢，同学们想不想来一场创新与传统的碰撞呢？几位不同乐器专业的同学，可跟随伴奏演奏《权御天下》，添加电子背景音乐，用所学方法录制视频，来尝试一次进行超燃超炸的"云合奏"吧！

乐器专业不限哦，可以是民乐，例如二胡、琵琶、古筝等，也可以是西乐，例如小号、单簧管、电贝司、钢琴等，也可以中西结合。拍摄视频的同时，也可以根据作品的意境，穿上相应的服装。总之，结合作品，开拓你的创意，大胆的玩转潮流音乐吧！

权御天下

学校宣传片 *DIY*

"会声会影" 镌刻七彩校园

主题先导

又到一年开学季，你是否想让更多的人了解你所在学校的特色？你是否想要展示丰富的校园风采？何不尝试自己为生活学习的美丽校园制作一部精彩的宣传片呢？

本章节我们就将介绍运用《会声会影 2020 旗舰版》这款视频编辑软件，与大家一起镌刻七彩校园生活。

软件介绍

《会声会影》是一款功能强大的视频编辑软件，英文名：Corel videostudio，不仅符合个人或家庭所需的影片剪辑功能，甚至可以挑战专业级的影片剪辑软件。具有音视频编辑、图像抓取，多机位视频编修，并提供有丰富的编制功能与效果，可导出多种常见的视频格式，完全能够胜任学生对视频编辑的要求。

2020旗舰版

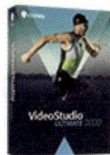

技术链接

一、 制作前的准备

首先我们要在电脑上安装《会声会影 2020 旗舰版》，其次准备好我们在校园活动中拍摄后需要制作编辑的视频、背景音乐等素材。

二、 软件功能界面

软件主要分为四大编辑区域：

（一）软件工具栏区：可以在此区域选择建立项目、编辑视频、保存视频、软件设置等各类操作

（二）视频预览区：执行音视频编辑中各种编辑效果的视频预览，更直观地感受到所做的操作

（三）素材、模板区：在此处可以为音视频添加各类特效，以及软件自带的各种效果，在编辑中可以从此处调用

（四）编辑区：这里就是我们将要进行各类视频编辑的主要窗口了

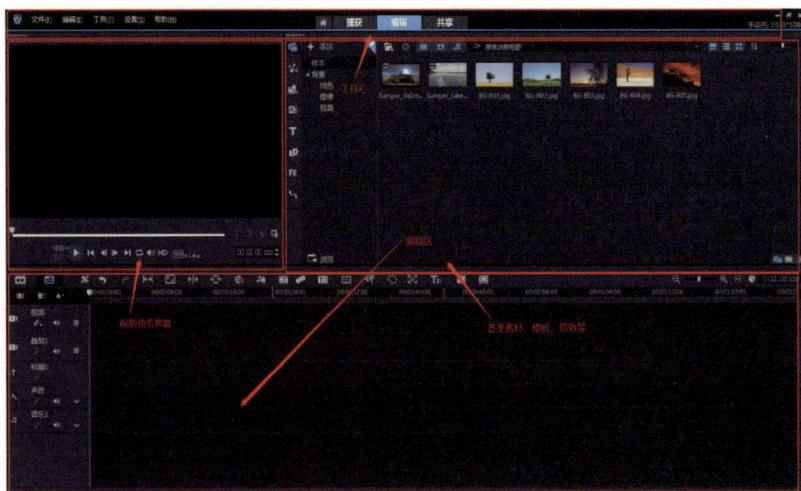

三、 视频编辑处理

接下来让就我们一起尝试运用《会声会影2020》来编辑我们的校园集锦吧！

（一）编辑准备

1. 选择编辑的视频

首先我们打开《会声会影》软件，在工具栏--文件选项下选择--新建项目，进入软件编辑平台。

接着我们从文件工具栏下拉列表中选择--将媒体文件插入到时间轴，来选择我们需要编辑的视频。

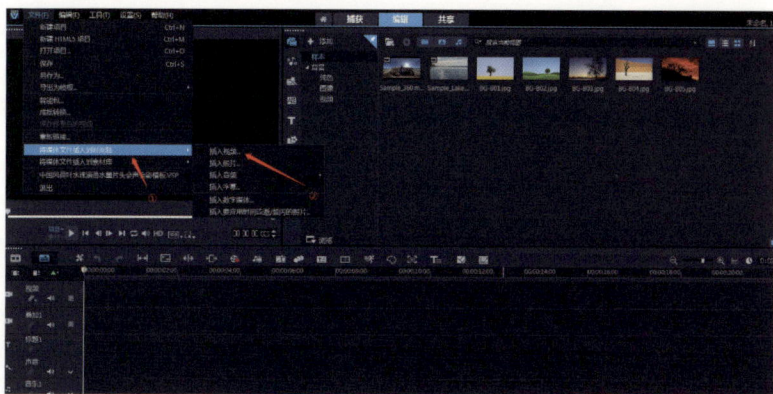

小贴士

打开多个编辑的视频时有没有办法进行快捷操作呢？《会声会影》的设计可以先选中需要的编辑的视频，按住鼠标左键不放，直接把选择视频拖拽到视频编辑轨中，一次可以选择多个视频哦！

2. 视频编辑区具体介绍

在视频编辑区包含视频播放进度条、调整可视比例与编辑轨道，我们的编辑基本是通过不同的轨道来对相应的音视频进行编辑的。

(二）开始对选择的视频进行编辑

1. 首先我们对选择的视频进行剪辑，调整需要保留的视频长度，删除多余或质量不高的区域。

通过点击键盘的空格键播放视频，或者直接拉动视频播放进度条到需要剪切分离的地方，鼠标在视频上右键选择 -- 分割素材，或者点击视频预览区域的小剪刀来分割视频素材 -- 删除不需要的部分。

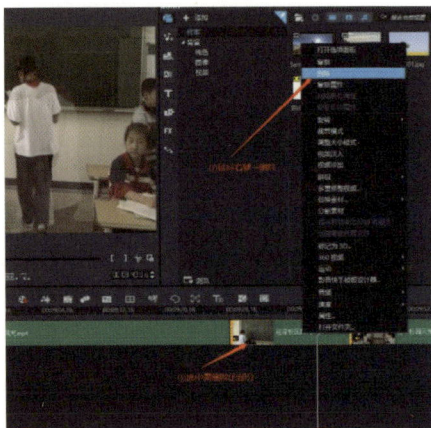

2. 为多段视频添加转场效果

点击转场列表 -- 从转场列表中选择合适的效果 -- 鼠标左键按住拖动到需要添加效果的两段视频之间。

1. 删除不需要的视频，可直接用键盘中的 delete 删除

2. 添加转场效果时，选中效果按住 ctrl 可以为两段视频的其中一段单独添加效果

3. 为视频添加滤镜效果

点击滤镜列表 -- 从滤镜列表中选择合适的效果 -- 鼠标左键按住拖动到需要添加滤镜视频的上面。

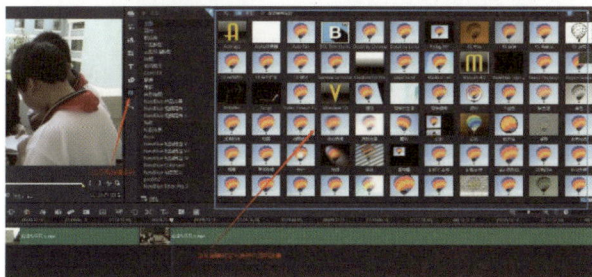

4. 对滤镜进行编辑

点击视频中已经添加好的滤镜五角星 -- 选择滤镜 -- 具体的滤镜名称 -- 弹出滤镜编辑框 -- 调整具体参数。

点击视频中已经添加好的滤镜五角星 -- 选择删除 -- 滤镜 -- 具体的滤镜名称 -- 即可删除滤镜。

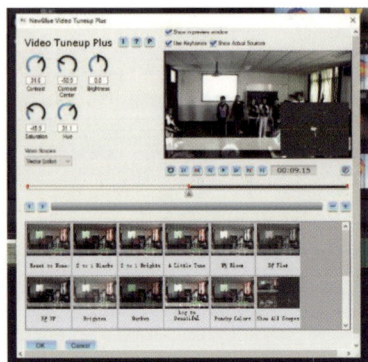

5. 为视频添加画中画效果

选择需要的视频 – 添加到叠加轨 – 在视频预览区，鼠标调整视频大小以及位置，如需添加多个画中画效果，可以选择轨道管理器 – 增加叠加轨数量 – 重复添加视频步骤。

《会声会影》自带各类丰富的效果视频供选择哦！在素材、模板效果区有软件自带的媒体、模板、覆叠等选项，点开后就可以从中选择你所需要的效果添加到视频或画中画里！

小贴士

(三)为视频添加文字

1. 点击标题 – 从素材库选择适合的字幕模板，鼠标左键拖拽 – 放到标题轨 – 字幕预览

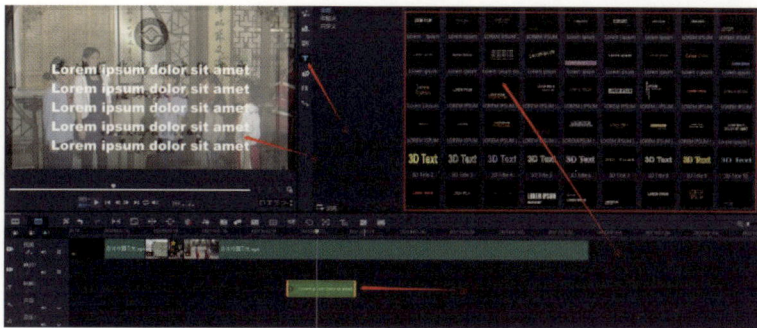

2. 通过鼠标双击字幕预览区，可弹出字幕编辑对话框，根据需要对字幕进行编辑

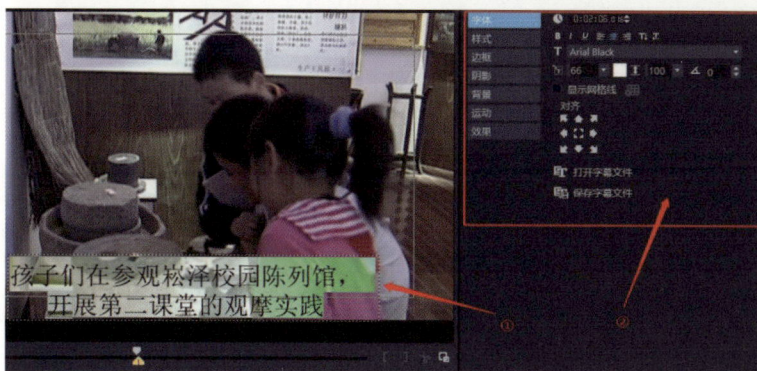

四、 音频处理

（一） 对视频中的声音进行编辑处理

（二） 鼠标放到视频上右键选择音频 -- 弹出音频选项框列表：

1. 静音：对视频中的所有声音强制静音

2. 调整音量：可以调整视频中声音的音量

3. 淡入、淡出：可设置本段视频的开头淡入、结尾淡出

4. 分离音频：可以分离出本视频中的声音到声音轨道，进行单独编辑

5. 音频滤镜：可对本视频中的声音添加不同的效果

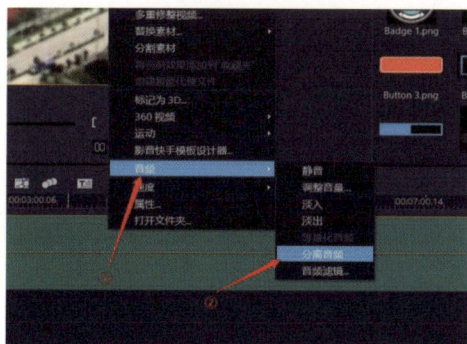

111

（二）为视频配乐

1. 从计算机中选择合适的音乐，文件－将媒体文件插入到时间轴－插入音频－到声音轨，也可通过鼠标左键选中音乐拖拽到音乐1轨

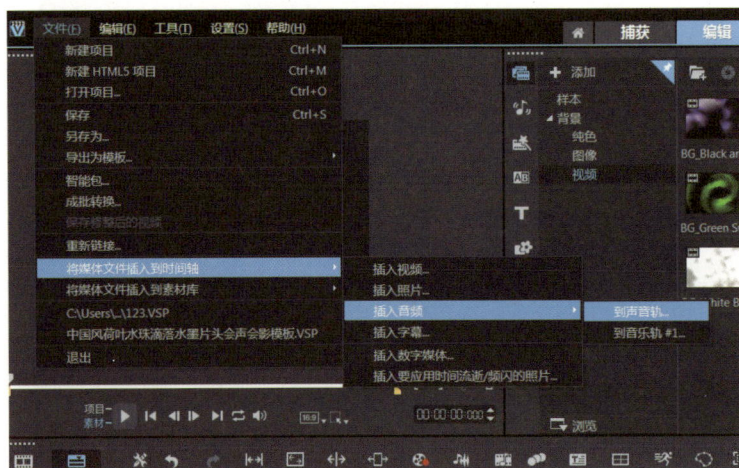

建议通过鼠标拖拽音乐到音乐1轨，因为通过文件导入的音乐或者视频中分离出的音频默认在声音轨道，且声音轨道只为一条，而音乐轨道可以通过轨道编辑器添加多条轨道，方便放置多条音乐

2. 鼠标放到音乐文件上右键，即可根据需要对音乐进行编辑

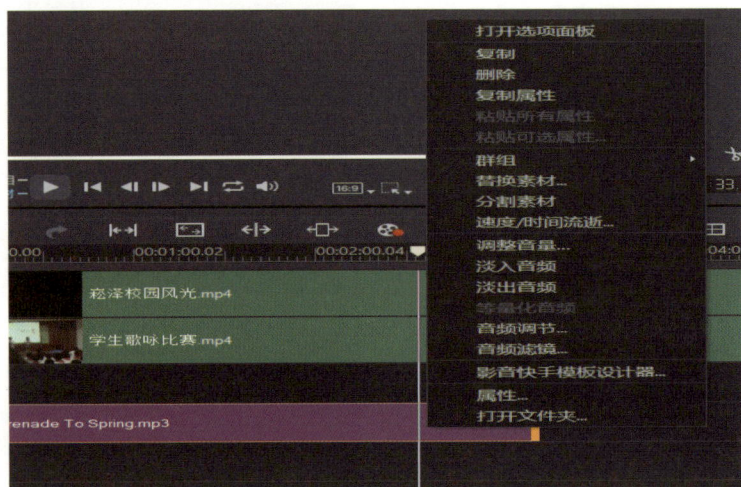

五、视频生成

选择工具栏中的共享－选择视频格式（一般高清视频默认 MPEG-4 即可）－点击三角选项选择视频配置数据（一般默认即可）－输入视频文件名－选择保存视频的位置

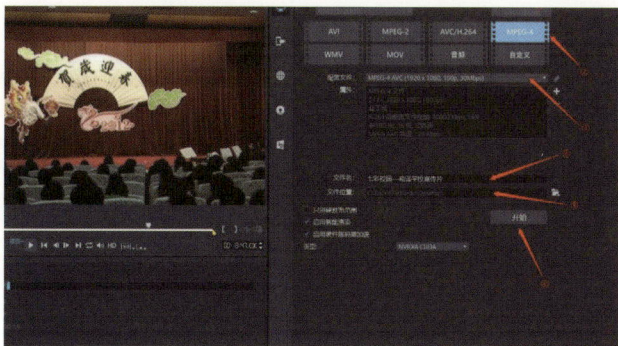

这样我们就已经制作好简单的视频，可以分享给大家欣赏了。当然《会声会影 2020》作为一款准专业的视频编辑器，它的功能还有很多，大家可以在编辑视频时多尝试不同的效果，这样操作就会越来越熟练了哦，小伙伴们是不是迫切地想行动起来了呢？

佳作欣赏

这是青浦区崧泽学校学生利用《会声会影》制作的崧泽文化微视频，用视频记录了崧泽古文化的历史，可以关注微信公众号"崧泽古韵代代相传"观看欣赏。

拓展实践

在我们的校园生活中，有许多有意义的活动，如篮球对抗赛、班班有歌声、运动会等，选择校园生活中的某次活动为主题，分小组尝试用《会声会影 2020》制作一段微视频，记录下生活的精彩。

活动建议：

1. 组建 3 到 5 人的拍摄小组，明确分工：撰稿、主持、摄影等

2. 在拍摄前可以先书面规划好需要拍摄的画面场景，包括每一句台词、每一句解说以及在哪些镜头需要切换等

3. 用自拍杆支架拍摄，稳定手机，避免画面过分抖动

4. 在校园网上分享制作的作品

我舞我秀

"Vlog"记录美好校园生活

主题先导

00 后的你是否喜欢用影像代替文字或相片表达个人想法，用个性化的视频记录生活趣事呢？那如何用简单的操作将快节奏的剪辑、高质量的画质、巧妙地构思融为一体呢？"

本章节将以"校园舞蹈大赛"为例，从选择主题、添加、编辑素材等几个方面介绍 VUE 软件的一些基本操作，展示几个案例及拓展练习供大家学习。

软件介绍

VUE 是 iOS 和 Android 平台上的一款 Vlog 社区与编辑工具，允许用户通过简单的操作实现 Vlog 的拍摄、剪辑、细调、和发布，记录与分享生活。还可以在社区直接浏览他人发布的 Vlog，与 Vloggers 互动。

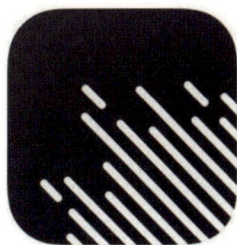

VUE Vlog `12+`
用 Vlog 记录生活，分享真实的你
VUE VIDEO CO., LTD.
"摄影与录像"类第 16 名
★★★★★ 4.9, 14.6万 个评分
免费・提供 App 内购买项目

随着手机摄像头的发展，越来越多的人开始使用手机拍照和摄像。摄像一般来说要比拍照门槛高，但是视频传播的信息量又远大于照片。VUE就诞生在这样的背景下，希望用拍照一样简单的操作，帮助用户在手机上拍摄精美的短视频。

技术链接

一、基础操作

(一)打开VUE并选定待使用的视频

点击下方红色相机按钮。

点击导入,选择想要制作的视频素材。

(二) 调整画幅

如果你习惯横幅视频,但视频素材是竖式,可以点击画幅进行修改。每段视频依次调整。

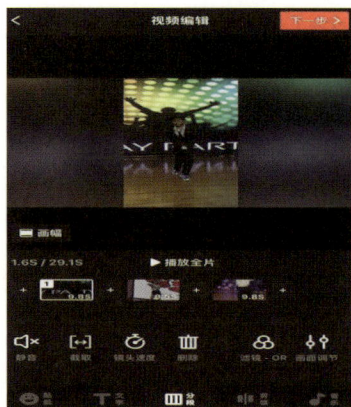

1、点击分段
2、点击画幅

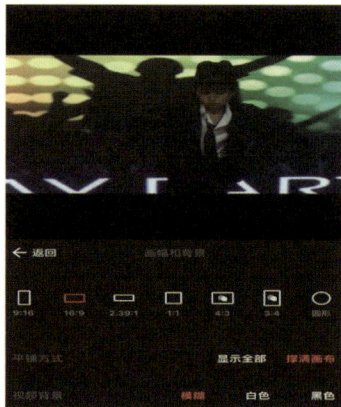

3、点击撑满画布,产生横向画面。用手指移动画面,调节画面中的人物位置。

（三）视频截取

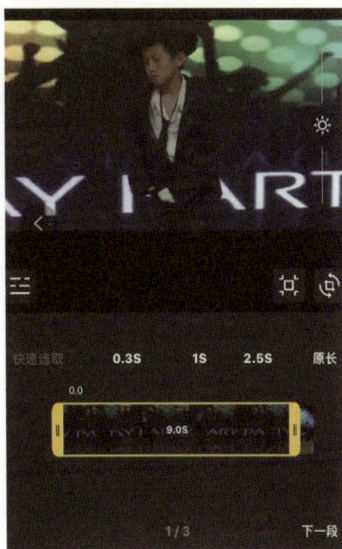

| 1、画幅调整后，返回编辑主页面，继续停留在分段模式。
2、点击截取按钮。 | 3、拖动黄色边界，选取适合的长度。
4、点击下一段分别剪辑，全部完成后点击右上方完成。 |

第一步骤和第二步骤完成后，一段最基础的视频素材生成，接下来就可以在此基础上锦上添花，凸显风格了。

（四）细节调整

●静音：取消原视频中的声音。●截取：详见步骤三

●镜头速度：放慢、加快速度 ●删除：点击删除该段视频

●滤镜：选择多种滤镜模式。 ●画面调节：更加细致的调节亮度、饱和度。

●旋转剪裁：可以基于步骤二更进一步地对该段视频进行画面人物位置的调整。

●变焦：使画面出现推进、拉远、左右进入等动态效果

●倒放：使得视频中动作从后往前播放。●复制：重复出现该视频

●分割：可把该段视频进行切割●原声增强：加大视频中。

（五）添加转场

每个段落（构成电视片的最小单位是镜头，一个个镜头连接在一起形成的镜头序列）都具有某个单一的、相对完整的意思，如表现一个动作过程、表现一种相关关系、表现一种含义等等。它是电视片中一个完整的叙事层次，就像戏剧中的幕或小说中的章节一样，一个个段落连接在一起，就形成了完整的电视片。因此，段落是电视片最基本的结构形式，电视片在内容上的结构层次是通过段落表现出来的。而段落与段落、场景与场景之间的过渡或转换，就叫作转场。

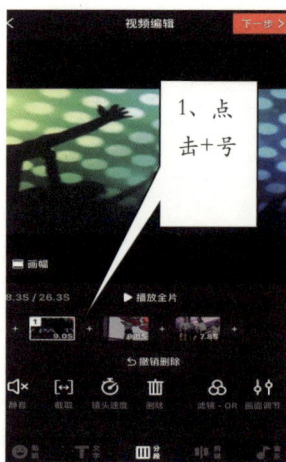

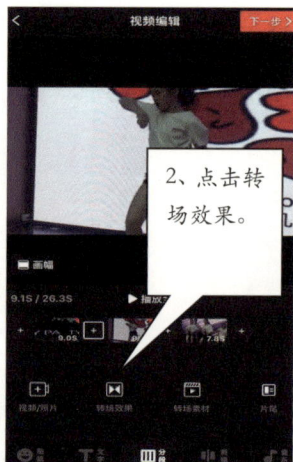

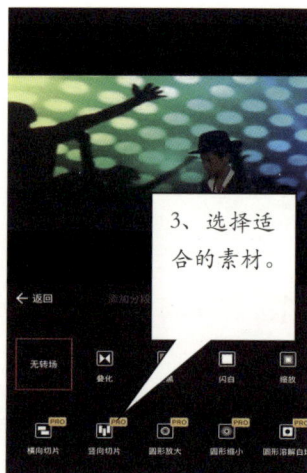

（六）添加字幕

1、切换至文字模式

2、点击红色+，进行文字输入

3、拖动左右箭头可调节字幕出现时长。

4、手指拖动文字可更改出现位置。

（七）添加音乐

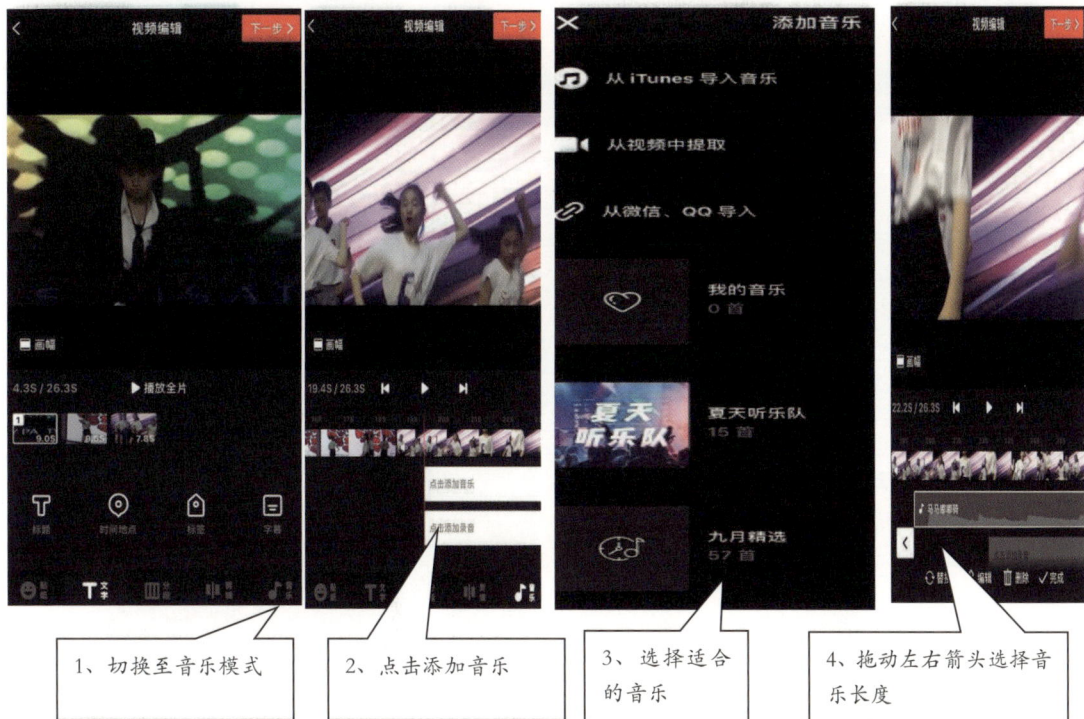

1、切换至音乐模式

2、点击添加音乐

3、选择适合的音乐

4、拖动左右箭头选择音乐长度

119

（八）大功告成

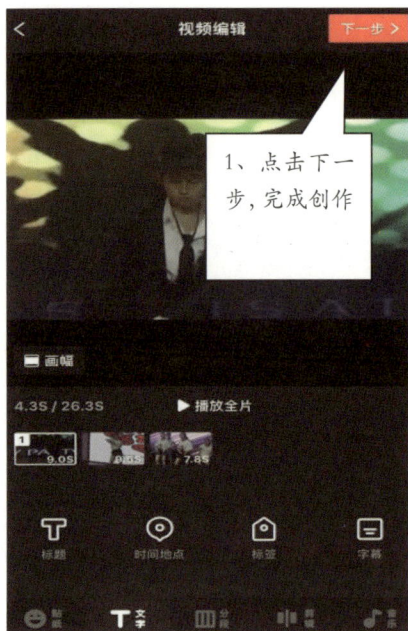

1、点击下一步，完成创作

2、点击此处可以选择只保存在手机而不公开发布。

小贴士

Vlog 的制作不仅依靠软件的编辑，更重要的是拍摄的手法和创意。VUE 为我们提供了方便直观的平台，它还有很多细节值得我们去开发使用。

佳作欣赏

这是华江中学同学们用 VUE 软件记录的校园艺术节舞蹈大赛精彩瞬间！

请添加"艺术新空间"微信公众号欣赏作品。

拓展实践

在平时的学习生活中，我们有很多有趣的活动场景，请你尝试着用 VLOG 的手法记录一下。手机和平板上还有很多其他 APP 可用来制作 VLOG，请你找一找、试一试，互相推荐一下。

学年志

"剪辑师"为你留下青春印记

主题先导

青春的脚步匆匆，一年年转瞬即逝，已毕业的学生每次回校，翻看电脑或手机里的老照片，都会遗憾当初没有留下更多更鲜活的青春回忆。有心的老师和同学会在毕业的时候，特意把一些小视频、照片制作成视频。但是，一段毕业视频并不足以完整记录初中、高中学习生活的点点滴滴。

随着各种 PC 端、移动端软件的发展，制作视频已经不再是难题。只要你是一个有心人，常常用手机拍摄或记录下学习生活的点滴，那么学期或学年结束时，只需要点点鼠标，动动手指，就可以制作属于你、属于好朋友、属于班级的"学年志"，这将是青春最美的笔记。

本章节就和大家一起用"剪辑师"软件，制作班级"学年志"。

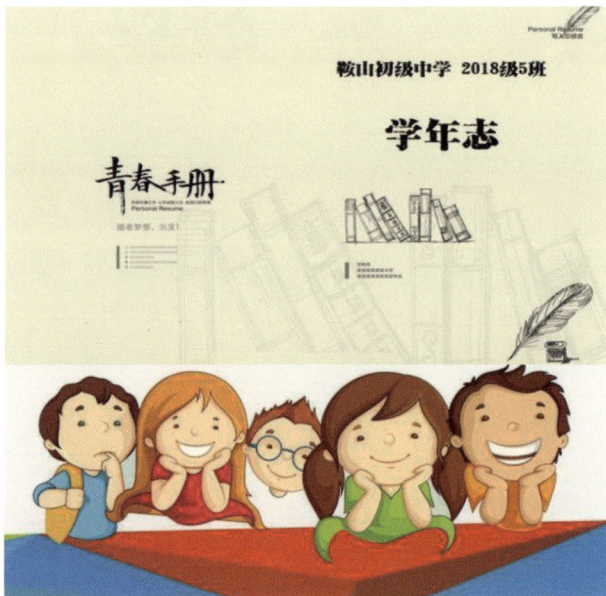

软件介绍

　　"剪辑师"软件是希沃公司开发的一款能支持快捷录屏、剪辑、一键转场等简单、易用的视频制作功能的软件。软件操作化繁为简、轻松上手，在关键的使用步骤上，"剪辑师"都会给出指引和使用方法，即使没有视频制作基础，也可以通过简单的学习快速掌握。

技术链接

一、安装软件，进入"视频编辑"界面

　　（一）在安装、注册并登录剪辑师后，即可进入剪辑师界面，剪辑师拥有录屏、编辑和实物展台三项功能。

　　（二）点击中间的  "编辑"按钮，即可进入视频编辑界面。

二、插入素材，准备制作"学年志"

（一）准备素材

经过了一学年，你一定积累了不少精彩活动的照片和视频，如开学典礼、校艺术节、校运会、十四岁生日、春秋游、雏鹰假日小队等。

> 小贴士
>
> 可以在文件夹中建立一些子文件夹，以日期、活动命名，将照片、视频分类放进相应的文件夹，你的学年志制作起来会更有条理哦！

你可以在电脑上新建一个文件夹，把有用的照片、视频导入其中，这样在后期的资料选用中就会更加便捷。需要注意的是，"剪辑师"支持的是*.mp3、*.mp4、*.jpg、*.png、*.jpeg 这些格式的素材。

（二）插入素材

点击"视频编辑界面"右上方的"插入素材"，在随后跳出的"添加素材"窗口中，进入上一步骤所建立的资料文件夹，选取你需要的素材，并点击"打开"

添加的素材将按视频、音频、图片类别分类，并呈现在编辑界面右边窗口中。

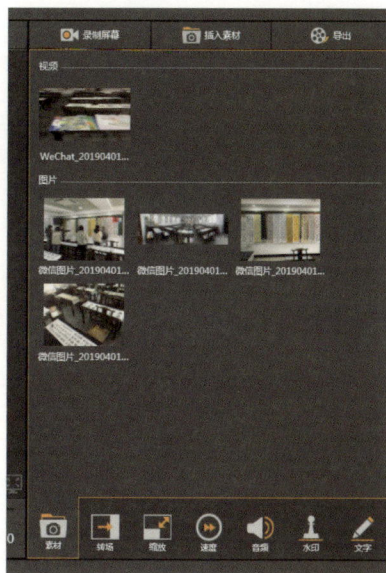

三、编辑素材，制作"学年志"视频

（一）基本素材处理

选择窗口中需要编辑的视频、图片、音频素材，按住鼠标左键，拖动至编辑轨道上。当素材放置在编辑轨道上后，我们就可对素材进行位置、大小、播放开始时刻、播放持续时间等的调整。

1. 位置及大小：在编辑轨道上选择素材，在预览界面上拖动或缩放素材，就可调整素材在视频中播放位置及大小；

2.播放开始时刻：选择并拖动素材，可将素材放置至任何轨道任意位置，并以此位置为该素材播放时刻；

可以根据学年中各项活动的时间顺序放置素材，图片与视频交替出现，会更生动哦！

3.播放持续时间：选择素材，拖动素材左右边框，可调整素材播放时长。其中，图片时长可以任意调整；音频、视频默认最长播放时长为视频原时长。

（二）视频声音处理

如果你想在整个"学年志"使用一个统一的背景音乐，那可能需要先处理一下视频原来的声音。

1. 完全消除视频的声音：鼠标右单击轨道上的视频素材，选择"静音"；

2.保留一部分视频中的声音：鼠标右单击轨道上的视频素材，选择"分离音轨"，原视频中的声音将出现在另一轨道上。鼠标点击声音素材，拖动素材左右边框，就可调整素材播放时长。

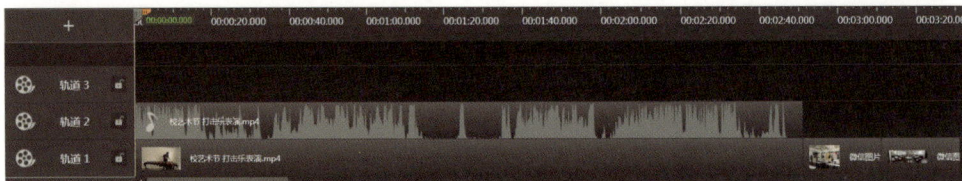

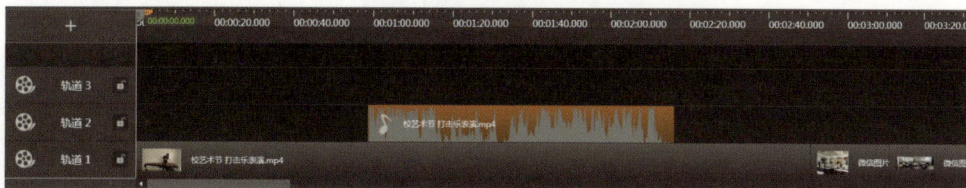

3. 如果需要调整声音素材的音量，点击编辑页面右边窗口中的"音频"，不仅能调节音量，还能进行降噪处理。

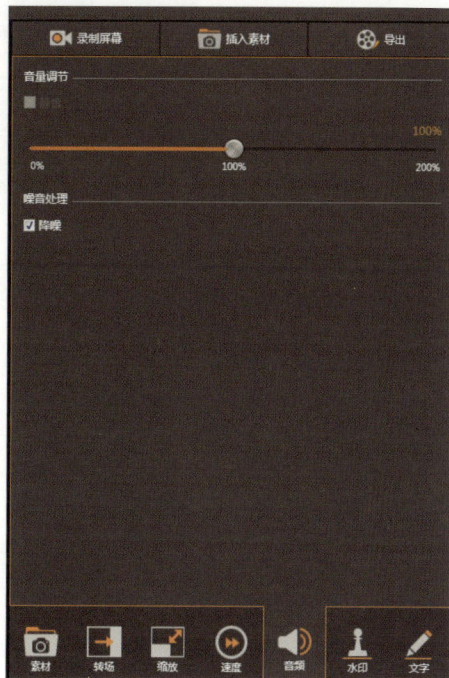

（三）文字编辑

虽然图片、视频更鲜活，给视觉的冲击更大，但是，必要的文字能起到画龙点睛的作用。毕业的若干年后，当你打开每一段"学年志"，这些文字都能帮你回忆起曾经每一个值得纪念的时刻。

> 最简单的文字可以是"时间、地点、事件"，如：2020年1月4日沪东工人文化宫校艺术节

点击编辑页面右边窗口中的"文字"输入文字，还可以选择喜欢的字体、颜色等。

拖动  至一条空白轨道，调整播放时间和时长，

调整预览窗口上文字的位置，一段简单的文字记录就完成了。当然，熟练操作

以后，你还可以以字幕的形式，用文字记录下参与活动的心情。

当你编辑好所有素材，最后可以为"学年志"选择一首或几首合适的背景

音乐，根据不同活动，音乐时而活泼，时而抒情，时而还能听到视频中同学们

的欢声笑语……简单的拖动素材，就能制作出别具一格的"学年志"。

四、生成作品

完成所有素材编辑后，点击 导出视频按钮，弹出导出设置窗口

选择导出视频的清晰度，弹出保存路径设置页面，选择保存位置并点击"保存"按钮，可将编辑视频以 *.mp4 格式保存到本地。

这样，一份沉甸甸的，满载着青春记忆的"学年志"，在这款操作简便的"剪辑师"的帮助下就完成啦。

当然，我们只介绍了"剪辑师"最简单的视频制作功能，各位同学还可以尝试为各类素材之间的衔接设置 转场效果，还可以点击 速度按钮，将一些过长但又不舍得删除的视频快进……"剪辑师"还有很多神奇的功能，等待你去挖掘。

佳作欣赏

请登录"艺术新空间"微信公众号，欣赏由鞍山初级中学 2018 级 5 班制作的《2019 学年志》。

拓展实践

各位同学，学会用"剪辑师"后，不仅可以制作班级、小队的"学年志"，还可以制作属于你的"学年志"，用它来记录自己努力学习的每个瞬间，记录和同学相处的点滴时刻，这些都会成为你最珍贵的记忆。当然，要学会观察，学会积累，学会记录，只有这样，你的"学年志"才会更加丰富鲜活。

期待你们精彩的作品！

音频篇

国乐新声

"SoundBug" 展现民乐新韵律

主题先导

用音乐记录生活，在编创中学习音乐！

还在为组建校园民乐队，却找不到同伴而烦恼吗？还在为只有民族乐器，没有 MIDI 伴奏而发愁吗？能否有一款软件为民乐队配齐音色，量身打造优美伴奏呢？

本节将为大家介绍 SoundBug 软件，它能让音乐爱好者体验计算机创编音乐的乐趣。

软件介绍

SoundBug（音虫）是一款用于音乐编曲和录音的软件，是首个完全由中国音乐人自主开发的音乐制作录音平台。SoundBug 的设计思路是最大限度的简化计算机音乐制作的安装、制作等流程，以免费的方式提供给所有的音乐爱好者，所以安装包中直接集成了常用的软件音源和效果器，并简化了其参数，界面的设计上也尽量做到简单明了。

技术链接

一、基础操作

（一）SoundBug 软件的安装和打开

网上下载 SoundBug 软件，点击下一步，根据程序提示进行每一步的安装。双击桌面 SoundBug 图标，软件打开后注册登录。

（二）创建乐谱

1. 创建工程

进入主界面，点击"新建工程"并输入工程名称点击创建

2. 熟悉界面

整体界面，设计简洁，操作简单。导入 midi、导出音频、录音、节拍器、走带，音频编辑等基本功能都有。

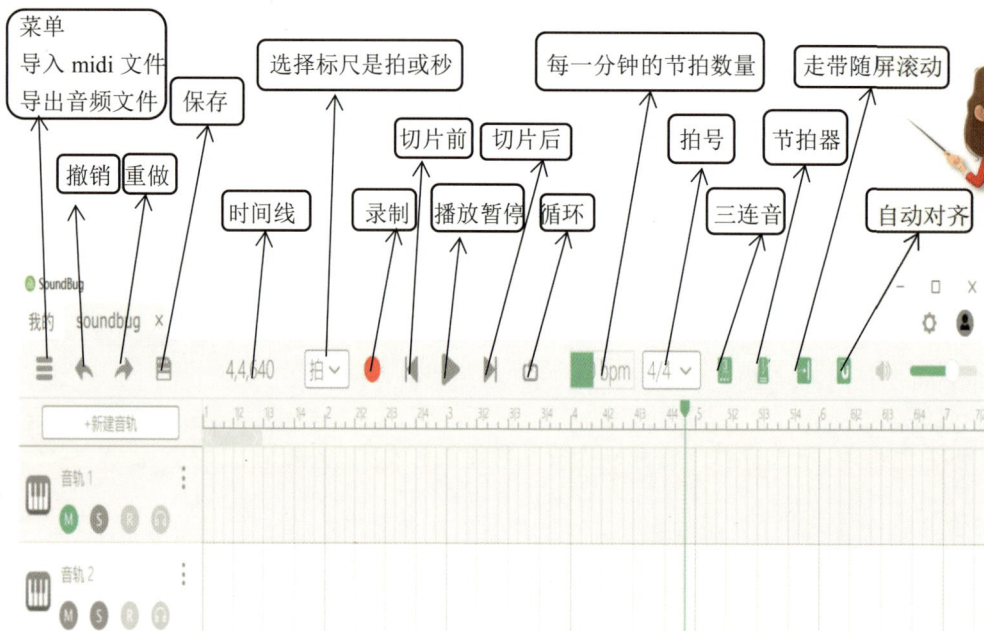

（三）输入音符

在空白轨道处右键新建切片，双击以后出现钢琴卷帘窗，左边操作模式选择输入音符。

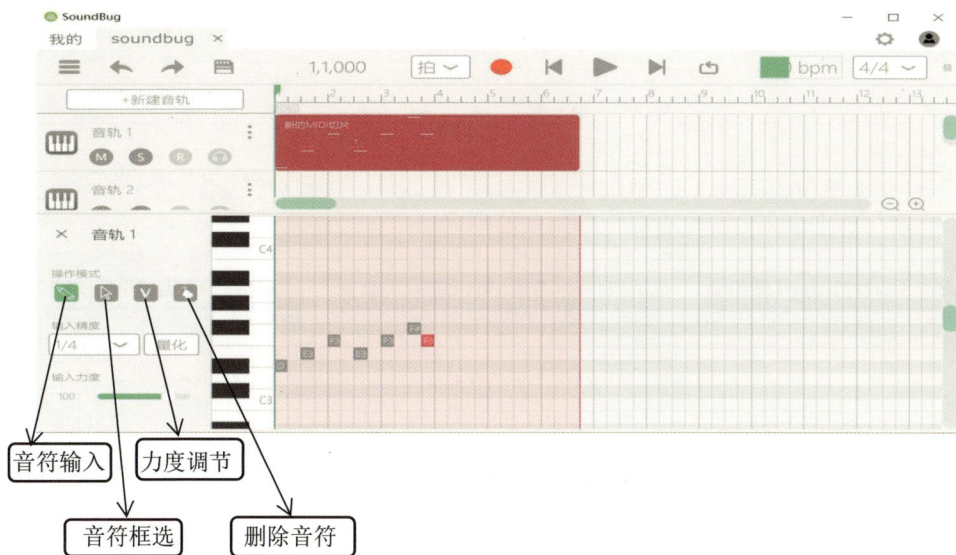

小贴士

选择音符输入模式即可用鼠标输入音符。

选择音符框选模式可以同时选中多个音符进行移动或删除等操作。

选择力度调节模式可以修改音符的力度。

选择删除音符模式即可删除音符。

（四）选择乐器

点击音轨左边的键盘图标 可以选择乐器音色，除了流行、电子、管弦之外，还有合奏、合唱、民乐等，这大大地满足了创作者的不同需求。

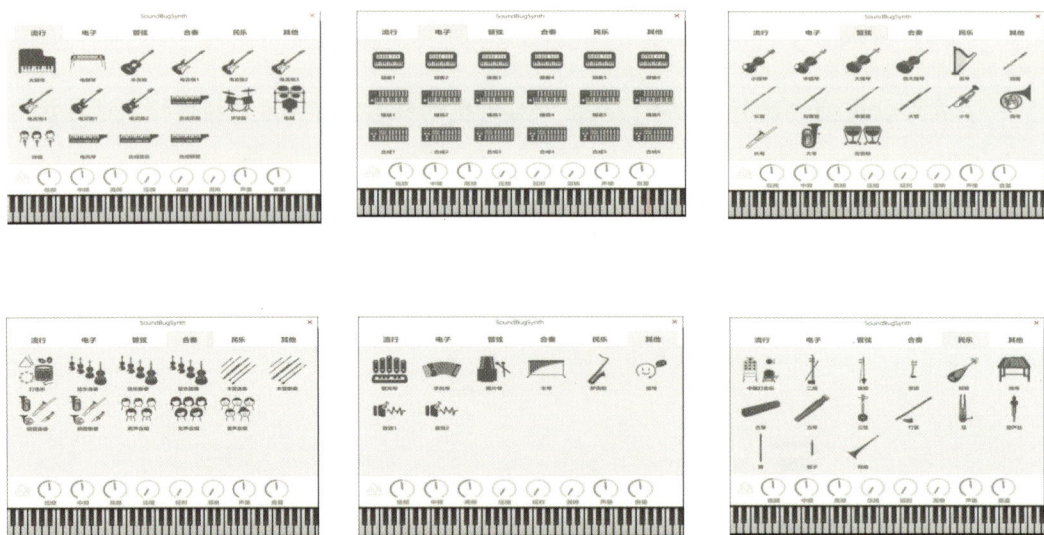

这款软件最大的优点就是简单、直观。在音色库下方的一排旋钮是音轨的混音通道。

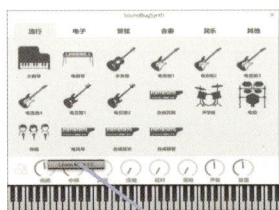

电子乐器数字接口控制

这里可以链接键盘，点击之后，扭动键盘上的控制器即可连接。

（五）录制音频

如果需要录制音频文件，需要在启动 SoundBug 软件之前连接好录音设备。点击右上角的设置键，进行输入、输出设置。

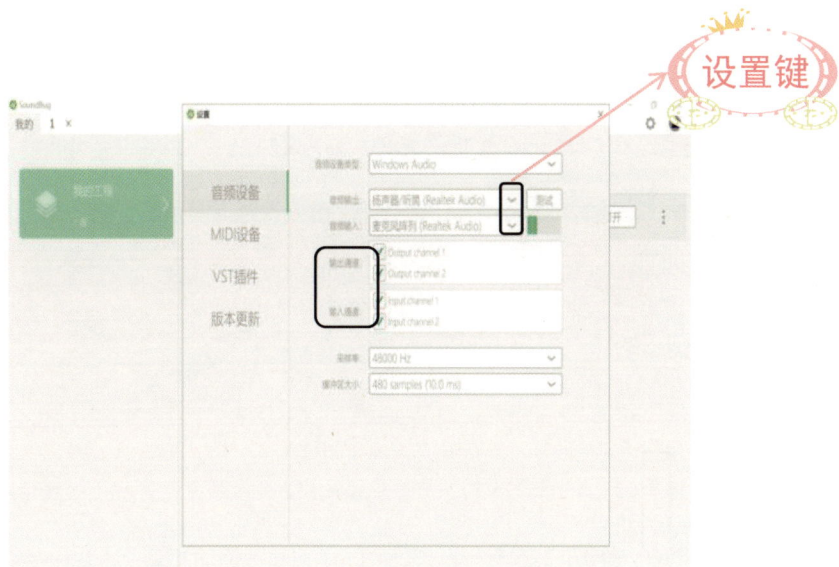

点击新建音轨，接着点击录音键与监听键，紫色的电频表会显示输入电频，接下来点击录音键便能进行录制了。

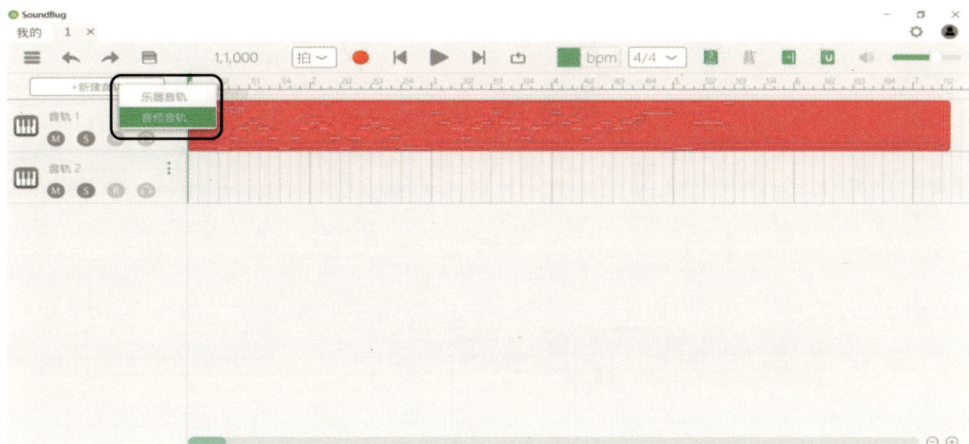

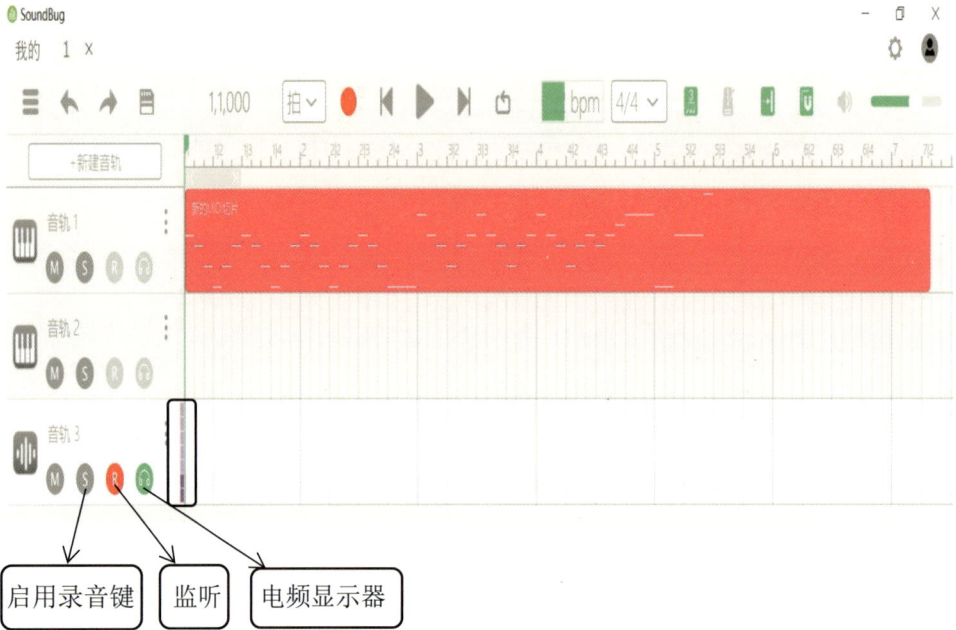

启用录音键　　监听　　电频显示器

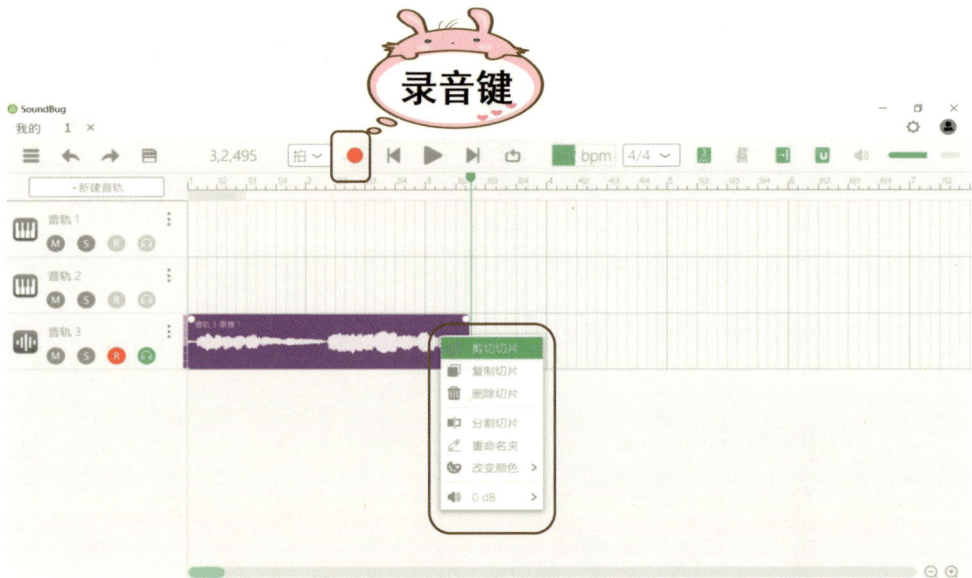

录音键

鼠标右键点击音频，可进行剪切、复制、分割、删除等操作。

（六）导出音频

点击左上角 ≡ 导出音频 文件，选择自己需要的文件格式即可。

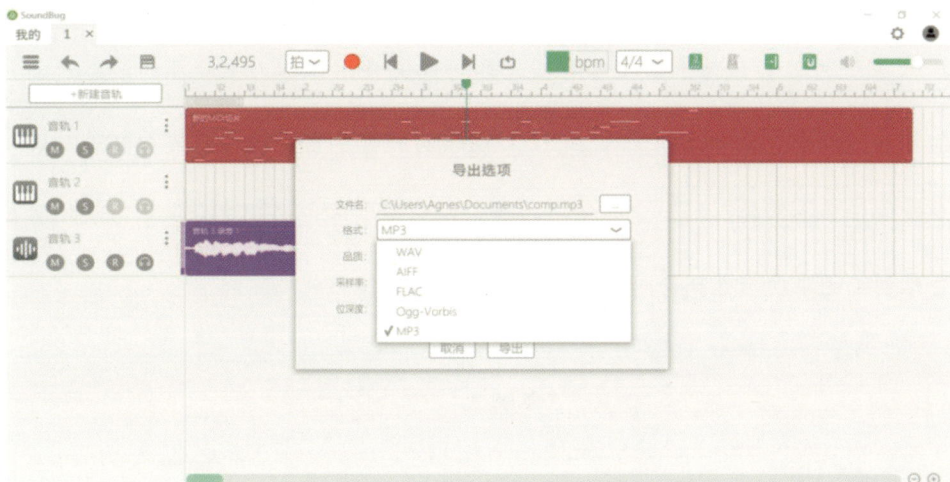

佳作欣赏

请登录"艺术新空间"微信公众号，欣赏由上海市辽阳中学同学用 SoundBug 软件制作的《外婆的澎湖湾》的精彩片段！

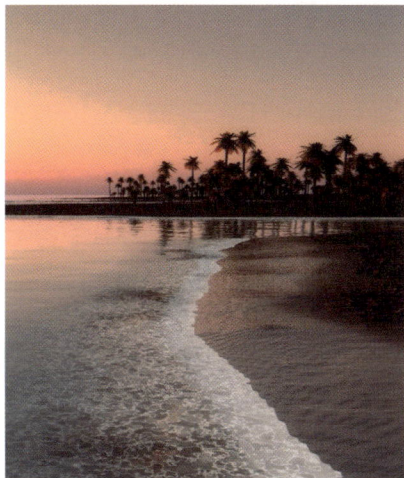

拓展实践

1. 学民乐的同学可以尝试用 SoundBug 软件改编、录制《春游》的主旋律，并为它编配伴奏。

2. 大家还可以尝试为乐曲《春游》选择一件民族乐器作为主旋律的演奏乐器，并编配伴奏。未来，SoundBug 计划在 AI 自动续写旋律和自动编曲等方面拓展功能，同时会制作一个丰富的，符合中国特色的音乐制作素材库，进一步降低学习和体验计算机音乐创编的难度，也期待同学们创作出更精彩的作品哦！

《春游》

我的音乐我做主

"库乐队" 开启音创之旅

主题先导

　　校园艺术节中同学们的节目精彩纷呈，你有没有想过自己为诗朗诵、校园情景剧、舞蹈节目配乐，为同学演唱制作简易歌曲伴奏呢？

　　请别担心，音乐制作没有想象中的那么困难，本章节将带领大家利用《库乐队》软件改编、创作属于自己的音乐。让我们一起创建《库乐队》，开启音创之旅吧！

软件介绍

　　《库乐队》是一款由苹果公司编写的数码音乐创作软件，它的界面简洁，操作方便，即使是非专业人士也能轻松享受创作音乐的乐趣。

　　《库乐队》的特点：

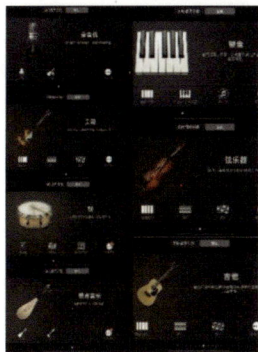

　　　　（1）录制、播放、选择乐器等操作，容易上手、轻松玩懂。

　　　　（2）内置自动演奏与伴奏功能，即使不会也没有关系，如架子鼓，只需轻轻敲击屏幕就能听到鼓声。

　　　　（3）有各种乐器的音色可供选择，尽情组合、演奏，轻松实现一人一乐队的效果。

　　　　《库乐队》是一个可以让你轻松实现音乐梦想的软件。同学们，还等什么，拿出手机或 iPad，开始制作美妙的音乐吧。

技术链接

一、制作乐曲的旋律声部

1.选择"键盘"演奏

打开苹果手机或 iPad，点击图标 ，进入软件界面。

选择"创建乐曲"图标 ，进入乐器选择

界面。《库乐队》软件的乐器界面显示了几种较为

常用的乐器。在编辑旋律时，我们通常选择"键盘"

进行编辑。

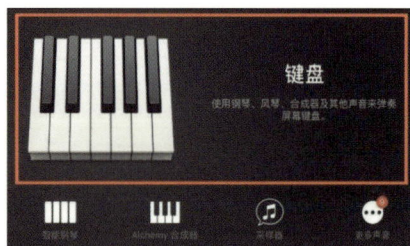

点击橘色方框位置进入键盘界面，我们会看到一个电子键盘。

2.认识《库乐队》界面

（1）通过下图我们大致了解《库乐队》界面按钮的操作意义

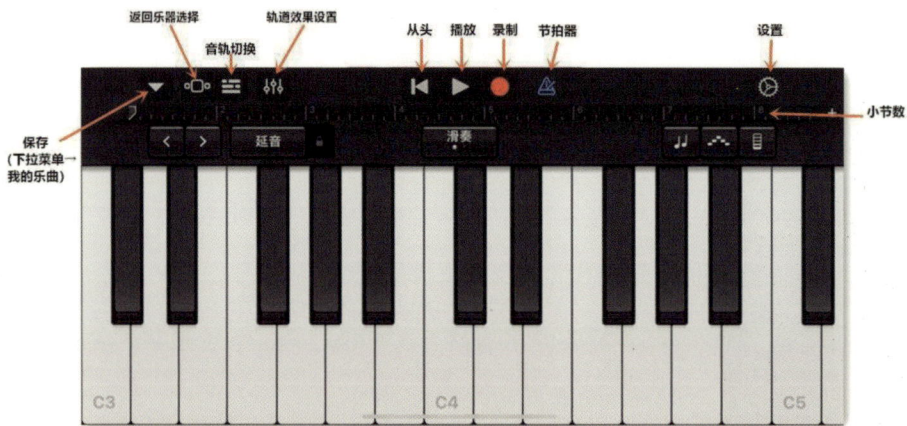

（2）点击黄色方框的图标，可以切换演奏方式

①键盘弹奏

②和弦伴奏（可自动伴奏，有内置节奏型）

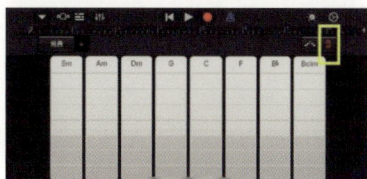

（3）点击红色方框的图标，可以切换键盘的模式。

①滚动键盘会根据手指左右滑动屏幕，而改变音区。

②滑奏相当于"锁定音区"，此时手指再次滑动屏 幕，键盘的音区不会移动，既可以进行滑奏。

3.设置小节数

在录制旋律前，首先要设置曲目的小节数。如果没有设置，软件中默认只录制 8 个小节的音乐。

设置方法：点击小节数右边的图标"+"，跳出设置菜单，点击进入后选择打开"自动"，软件就可以根据我们录制的音乐自动排列小节数了。

当然，如果只是单章节的歌曲，例如《生日快乐》《两只老虎》等，可以直接进行单章节录制。有规定小节数也可以选择"手动"在下方输入相应小节数即可。

4.设置乐曲的速度、拍号和调号

点击屏幕右上角的"设置"图标 ，进行速度、拍号和调号的设置。

速度可以在录制时调地慢一些，保　证录制的准确。录制好音乐后，再根据乐曲需要，改变播放速度，达到完美的效果。

5.演奏与录制

小节数、拍号、调号、速度都设置完成后，就可以进行录制或演奏了。

（1）音色的选择

在"键盘"模式中不仅有钢琴的音色，还有许多其他音色可以选择。

点击蓝色方框的倒置三角图标，选择"大钢琴"，可进入音色库选取自己喜欢的音色。

音色库滑动选择，点击即为选中。练习完成后，就可以开始录制了。

小贴士

不同的音色演奏出来的音乐风格会完全不同，建议大家可以尝试多种音色的效果，选择最适合乐曲的那个音色进行演奏或录制。

144

（2）录制方法

先点"从头开始"图标 ，保证乐曲是从第 1 小节开始进行录制的，然后点击"录制"图标 进行录制。

现在，请大家尝试录制《小星星》的主旋律吧。

旋律录制之后，键盘演奏界面的小节行显示为绿色，如下图所示。

点击音轨图标 ，进入音轨界面。在音轨界面中可以做进一步修改和处理。

在音轨界面，点击轨道设置图标 ，选择"量化"功能可以优化录音时音符的时值，"直线"可赋予音符更准确的节奏。

《小星星》这首乐曲中大部分为四分音符，所以我们选择四分音符即可。其他乐曲则选择乐曲中时值最短的音符（即节奏最密的音符）。当然在音轨界面中还有很多强大的修改或处理功能，大家可以进一步地探索。

二、制作乐曲的伴奏声部

1.加入吉他声部

首先在音轨编辑界面中，点击左下方的"十"，进入乐器的选择。这里我们选择"吉他"。

2.吉他界面

了解"吉他"的功能界面

（1）点击自动伴奏按钮 ，可进行节奏型的选择，在录制前，可逐个尝试选择适合乐曲的节奏型。

（2）点击切换按钮 ，可切换演奏方式，有吉他基础的同学也可以选择"指弹"进行演奏录制。

（3）吉他音色的选择

在"吉他"模式中有不一样的吉他音色可以选择。

点击蓝色方框的倒置三角图标，选择"原声"，可进入音色库选取自己喜欢的音色。

音色库

滑动选择，点击即为选中。

不同的选择，演奏出来的音乐风格会大相径庭，建议大家可以尝试多种音色的效果，选择最适合乐曲的那个音色进行伴奏或录制。此处建议选择"原声"。

3.和弦的编辑

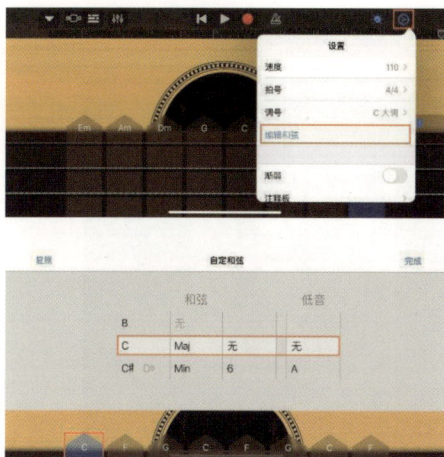

如左图方框中的设置按钮，选择"编辑和弦"即可为乐曲选择相应的和弦。

《小星星》需要用到 C、F、G 三个和弦。所以我们对和弦进行如左图设置。

设置完成后，只需在乐谱上旋律的相应位置，点击对应的和旋即可为旋律进行伴奏了。

4.吉他伴奏声部的录制

先点击"从头开始"图标 ，随后再点击"录制" 。当点击录制，这时演奏就会自动开始，再次点击"录制"图标 ，录制停止。

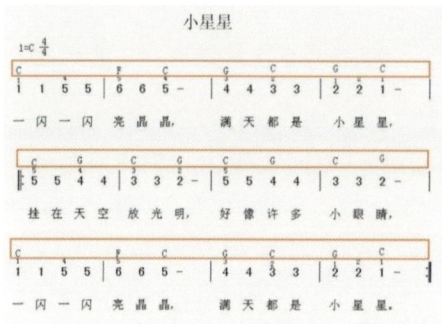

让我们一起动手试一试为《小星星》配上吉他伴奏吧。

不同的伴奏型会使乐曲风格不同，此处建议选择第二种自动伴奏型。

三、制作乐曲的节奏伴奏声部

1.加入打击乐声部

首先在音轨编辑界面中，点击左下方的"＋"，进入乐器的选择。

这里我们选择"智能鼓"

2.智能鼓界面

（1）了解"智能鼓"的功能界面

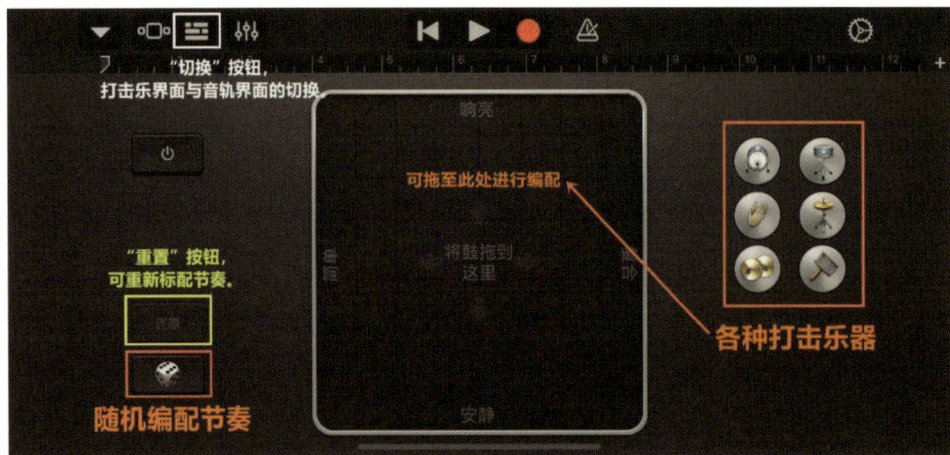

（2）打击乐风格选择

在"智能鼓"模式中有不同音色、类型的打击乐器可以选择。

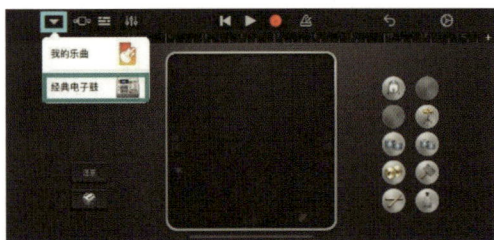

点击蓝色方框的倒置三角图标，选择"原声"，可进入音色库选取自己喜欢的音色。

音色库
滑动选择，点击即为选中。

不同的音色或不同的打击乐类型演奏出来的音乐风格会完全不同，建议大家可以尝试多种音色的效果，选择最适合乐曲的那个音色进行伴奏或录制。此处建议选择"经典电子鼓"。

3.打击乐伴奏声部的录制

前期准备工作就绪之后，就可以进行演奏或录制了，打击乐的录制方法与之前相同，先点击"从头开始"图标 ◀◀，随后再点击"录制" ●。当点击录制，这时演奏就会自动开始，再次点击"录制"图标 ●，录制停止。

到了这步，这首《小星星》也就基本完成了。

有了动听的旋律和伴奏，自然不能少了美妙的人声，试着在音轨界面点击"＋"添加新的人声音轨。选择"录音机"中的"声音"，即可进行录制。

小贴士

本章节只涉及《库乐队》软件部分功能介绍，在《库乐队》软件中还有弦乐伴奏、贝斯伴奏、民族乐器等功能。感兴趣的同学们可以进一步深入地体验学习。

佳作欣赏

让我们登录微信公众号"艺术新空间"，欣赏复旦实验中学同学们用《库乐队》创作的下课铃声吧。

拓展实践

音乐的创作并没有想象中的复杂，拿起手中的手机和 IPad 就可以创作出属于自己的音乐作品啦！同学们可以尝试选择一首喜欢的歌曲，利用所学习到的《库乐队》软件，自己动手创作音乐。

当然除了《库乐队》以外，手机和平板上的音乐制作软件还有很多，如作曲大师、Medly 等。也请大家多尝试体验，并把使用的感受与他人进行交流，说不定会有意外的收获哦！

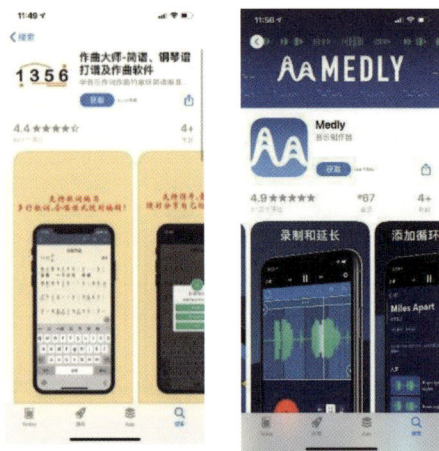

让歌声飞扬

"Goldwave" 变换美妙音响

主题先导

你喜爱歌唱吗？有没有想过录制自己的demo小样，却又苦恼如何为自己的演唱进行各类后期的特效制作？其实，不用去录音棚，只需要点开GoldWave，配上一个麦克风，你就能录制自己的演唱，并对它进行各种后期制作，走出歌曲演唱录制的第一步。

软件介绍

GoldWave 是一款相当棒的数码录音及编辑软件，除了附许多的效果处理功能外，它还能将编辑好的文件存成WAV、AU、SND、RAW、AFC 等格式，而且若你的 CD ROM 是 SCSI 形式，它可以不经由声卡直接抽取 CD ROM 中的音乐来录制编辑。

技术链接

一、任务总览

1. 打开Gold wave认识并熟悉窗口组成及功能。
2. 初始化设置音质和持续时间。
3. 录制一段语音并保存。
4. 利用降噪功能对所录制语音进行降噪处理。

二、基础操作

（一）认识界面

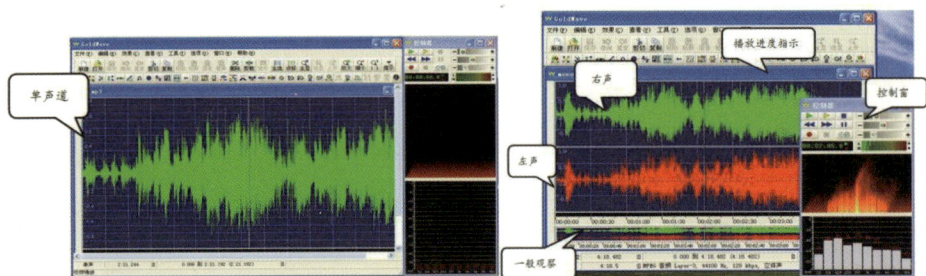

（二）文件的打开、播放、保存：

1. 打开：文件—打开

2. 保存：文件—保存

3. 播放：利用控制器

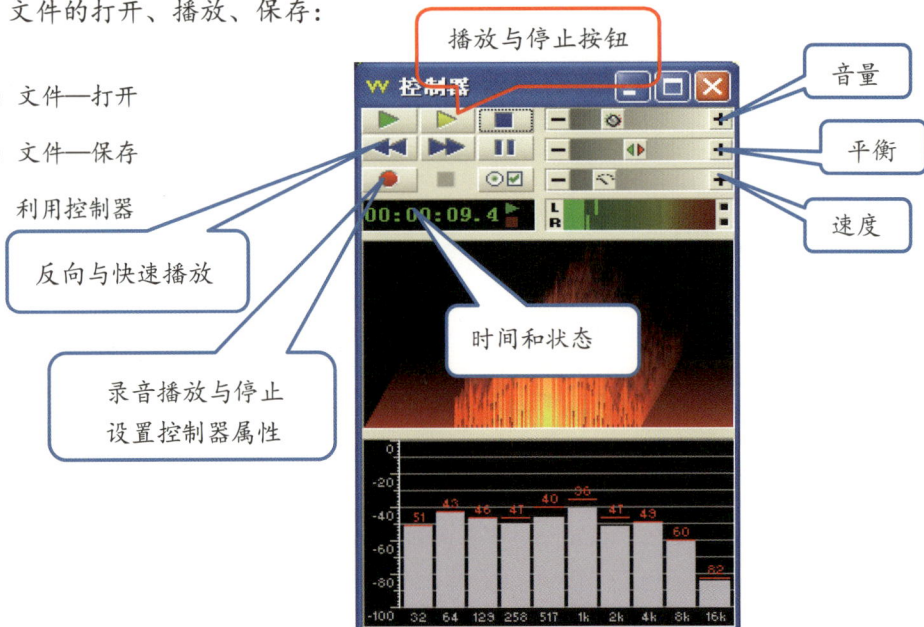

（三）自定义播放

自定义播放指播放指定的音频片段或循环播放等特定音频播放方式，有两种播放方法。

方法一：

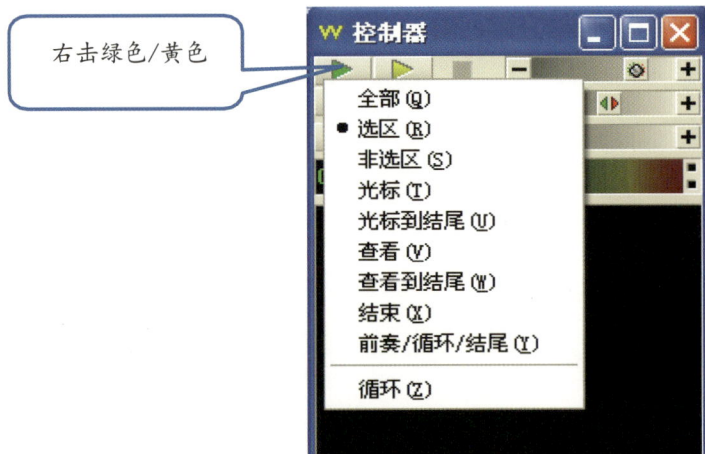

全部 (Q)

● 选区 (R)

非选区 (S)

光标 (T)

光标到结尾 (U)

查看 (V)

查看到结尾 (W)

结束 (X)

前奏/循环/结尾 (Y)

循环 (Z)

方法二：

选项：控制器属性

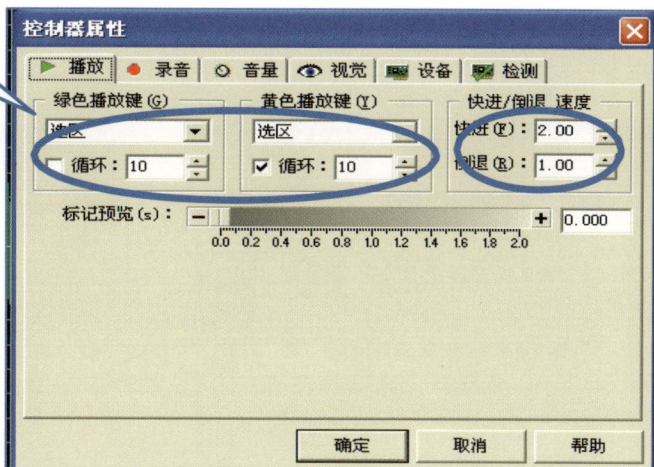

（四）音频波形图的选择、复制、粘贴与剪辑处理

1. 音频波形的选择

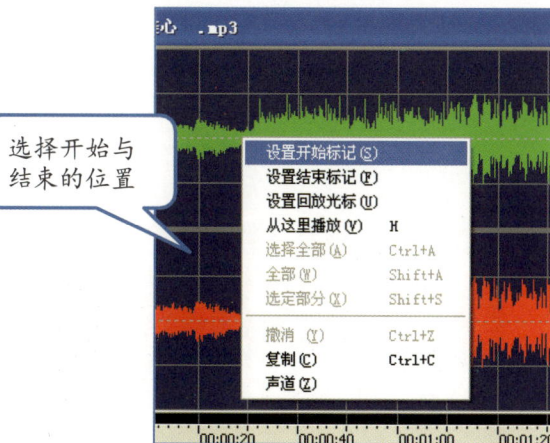

选择开始与
结束的位置

2. 波形的复制与粘贴

  粘贴：把复制的波形简单地粘贴到插入点。

  粘贴为新文件：即把复制的波形粘贴到一个自动生成的新文件中。

  混音：把复制的波形和目标波形混合。

3. 波形的剪辑处理

  剪切波形：把一段波形剪切下来，粘贴到某个位置。

  删除波形：直接把一段选中的波形删除。

  剪裁波形：删除没有选中的波形段落

三、录音操作

（一）新建文件

可选择单声道与立体声

建立声音文件的长度，即时间数，输入值按 HH：MM：SS.T 的格式，HH 为小时数，MM 为分钟数，SS 为秒数，以冒号为分界

（二）开始录音

录音：单击"开始录音"按钮 🔴 ，（或Ctrl+F9）开始录音。

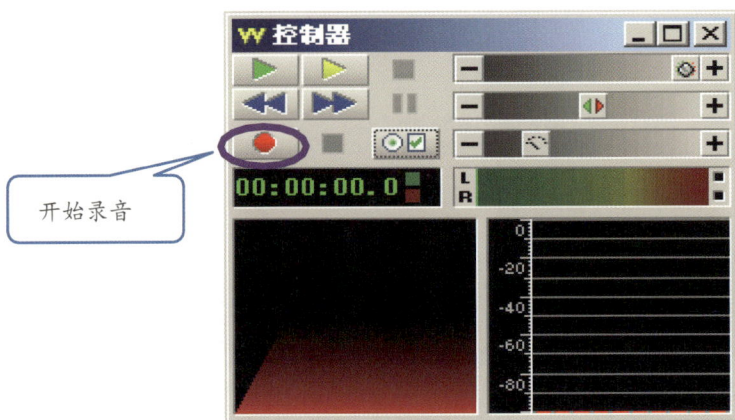

开始录音

（三）停止或暂停录音

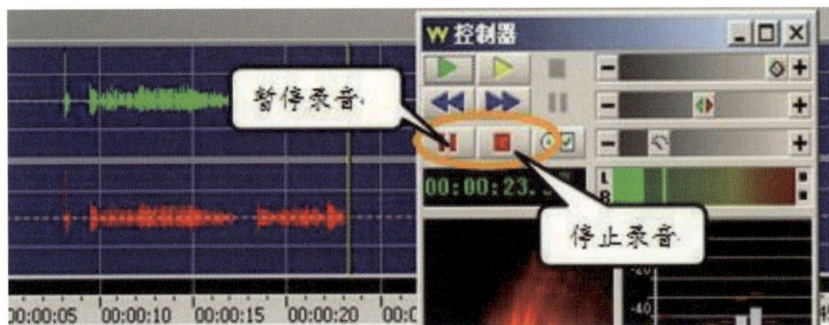

暂停录音

停止录音

（四）录音设置——"选项"｜"控制器属性"｜"录音"

查看输入音频的大小情况，以调整输入音量，保证录音文件的音量大小适中。

功能是为了防止意外按下录音键时可能对原始音频文件造成的破坏。打开该键，点击录音按钮的同时需按下该键才能开始录音。

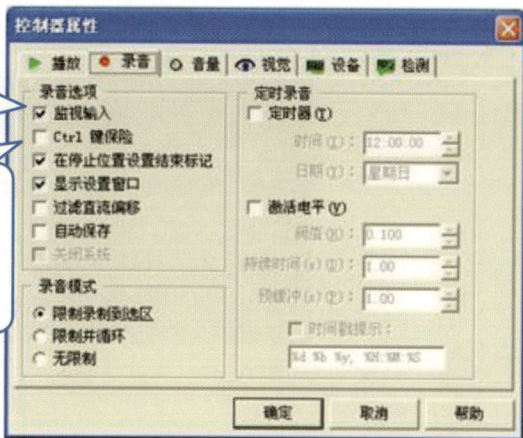

（五）降噪

同学们在录音时，由于并非在专业的录音棚中，因此总难免会有一些噪音的存在。为了减少录音中如咳嗽声、低频电器声、环境噪音等噪音，使有用声更加清晰，录音质量更加完美，可以对录制的音频进行降噪处理。降噪功能可以在效果菜单的滤波器中找到。

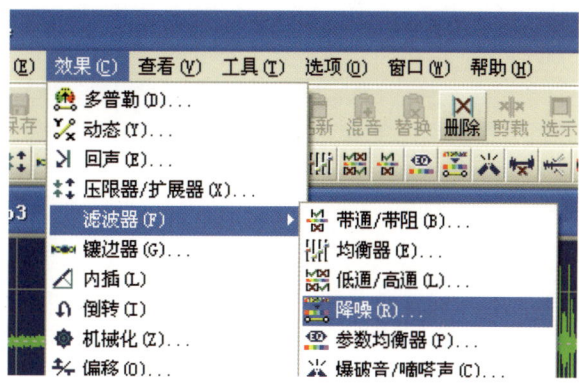

方法一：单击"降噪"按钮。 保持默认值即可。

方法二：从环境中取出噪声样本，然后根据样本消噪。

截取无语音的一段，单击"复制"按钮，之后打开降噪面板，选取"使用剪贴板"项。

根据频谱分析图建立一个包络形状：先试图找出声音中的只有噪声的部

分。调整时间滚动条到该段噪音，可分析图中看到那段时间的频谱。如果该噪声贯穿了声音文件的始终，并不怎么变化，则在这种方式下，噪声很容易被消除。

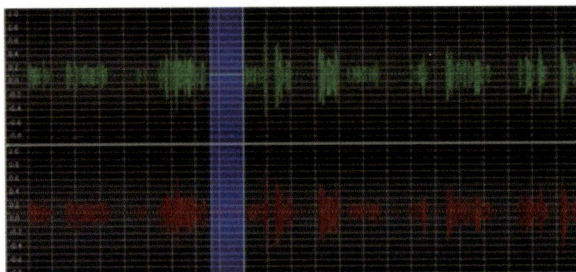

用于整个录音中有连绵不断且变化的噪声，软件将自动计算录音中噪声的水平，并创建一个基于平均值的包络线，可适当的减弱包络中噪声的水平。在操作时需注意先将工作区域的噪音区域进行复制，软件将自动对剪贴板中的声音内容进行分析，并创建一个基于此的包络线。此方式可以较好的处理各种常见噪声。

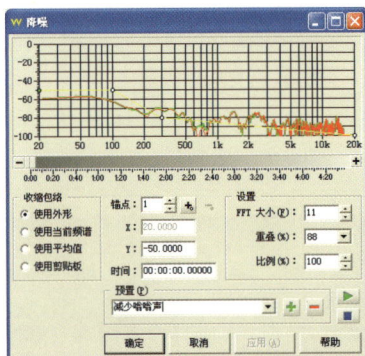

四、混音

（一）单击"打开"，打开选中的"背景音乐"。

（二）在所录语音文件中单击"复制"按钮 ，到"背景音乐"中单击混音按钮，在出现的混音对话框中设置混音的起始时间及音量。

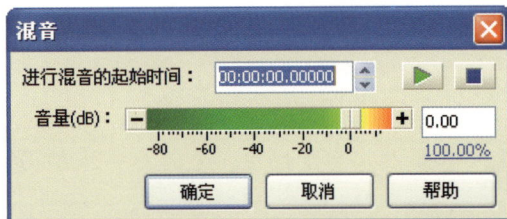

（三）剪裁：

在语音结束位置设置结束标记，利用"剪裁"按钮 将混有语音和背景音乐的波形剪裁出来，剪裁后波形如图所示。

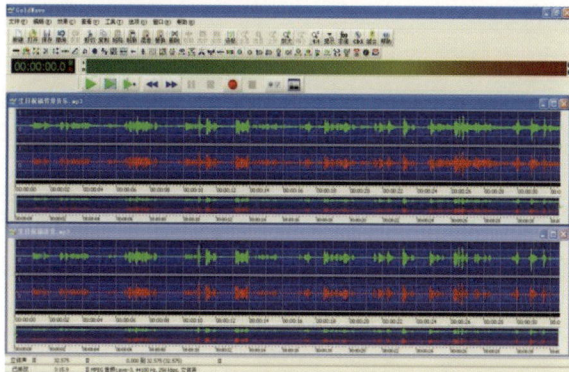

（四）保存：最后保存文件。

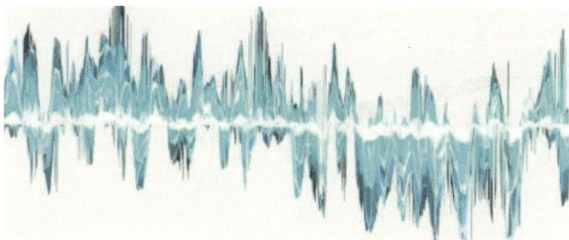

佳作欣赏

在了解了歌唱录制后，我们来重温一下整个过程，欣赏同学们的作品吧，请登录"艺术新空间"公众号，欣赏由上海市现代音乐职业学校同学制作的《花夕辞》。

拓展实践

我的歌声我做主

利用录音功能，先听着伴奏录制一个声部的音频，与伴奏合成一个音频。再唱另一个声部，与前序音频进行二次合成，来完成自己的重唱歌。

贝加尔湖畔

跳动的音符

"Sibelius" 助你成为小小唱作人

主题先导

热爱音乐、热爱歌唱的你，是否还在担心因读谱能力弱而导致学唱歌曲困难呢？是否还在为歌曲中较难的音准、节奏发愁呢？是否在内心曾跳动起无数个音乐灵感，却无从下手呢？想不想自己来尝试改编或创作歌曲，从而在学校的艺术活动中脱颖而出呢？

本章节将一起来学习如何使用 Sibelius 这款软件，从基本的乐谱输入开始，循序渐进地带领大家创作自己的音乐，成为一名小小唱作人！

软件介绍

Sibelius 是一个来自音乐巨匠西贝柳丝故乡的音乐软件，它是由就读于剑桥和牛津的一对双胞兄弟，芬兰现代作曲家 Ben 和 Tonathan Finn 所创。

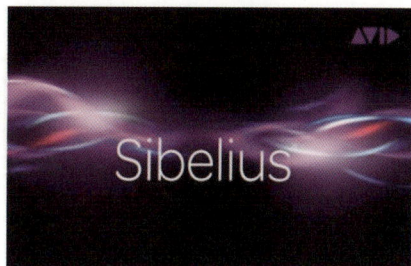

这是一款非常专业、实用、功能全面的五线谱软件。它具备独有的专业音色库，可以认识、了解各种乐器及其音色，也可以作曲、编曲。简单高效是它的特色，无论你是初学者还是顶级作曲家都能充分满足需求，被誉为当前世界上最智能便捷的作曲工具。

常用的功能主要包括：输入乐谱（包括钢琴谱、声乐谱、合唱谱、管弦乐总谱、吉他谱、打击乐谱等）；乐谱移调；歌词、力度、速度及表情符号可以自由地录入；支持导入及导出 MIDI 文件；自带音色库能够完美地呈现乐谱的音响效果；支持将乐谱导成 PDF 及图片格式；支持将乐谱导成音频及视频等。

技术链接

一、基础操作

（一）创建乐谱

网上下载 Sibelius 软件，安装好后，双击 Sibelius 图标后打开下图的界面（这里以 Sibelius 7.5 为例）：

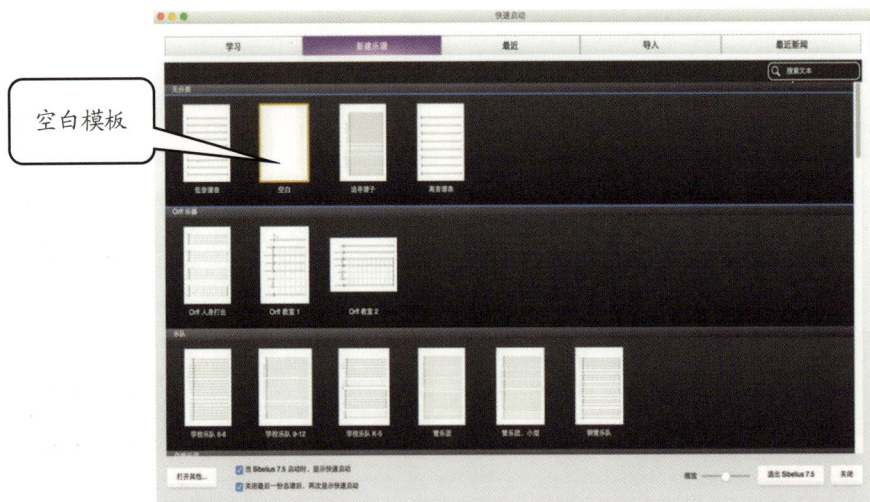

在新建乐谱的界面下，可以选择适合你使用的模板，也可以选择"无分类"的"空白"模板来创建你的个性化乐谱。

在界面最上方另外还有"学习"、"最近"、"导入"及"最近新闻"这几个界面选项。

"学习"界面下，可以浏览到有关 Sibelius 的教程、快速入门的方法、安装的 Sibelius 版本的新功能、参考指南等。

"最近"界面中，可以直接打开近期制作的工程文件。

"导入"界面下，如果有 MIDI 文件或者从其他音乐应用程序导出的 Music XML 文件，可以在这里进行选择并导入。

"最近新闻"则是可以了解 Sibelius 软件公司近期发送的新闻信息。

单击空白模板，进入到下图界面，开始创建乐谱。

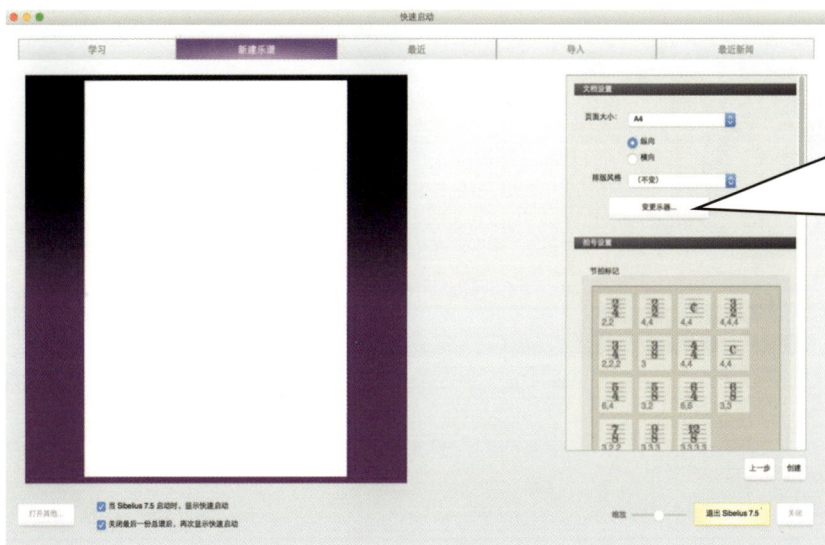

点击"变更乐器"来选择你想要的乐器

在右边的下拉菜单中，分别能够对乐谱的页面大小、排版风格、变更乐器、拍号、弱起、速度、调号、主标题名称、作曲、作词家名称等进行设置。

点击"变更乐器"按钮，打开"添加或删除乐器"的对话框。

Sibelius 含有非常丰富的乐器音色（超过 650 种），因此该对话框左上角的"选择自"列表中只显示了较为方便、常用的选项。如果你想添加更多的乐器，点开"选择自"的下拉菜单，可以找到爵士乐器、管弦乐器、摇滚乐器、世界各地的乐器等。

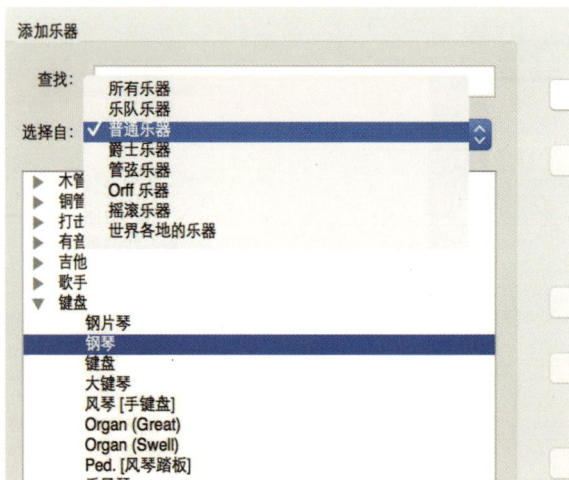

选择好乐器后，点击"添加至总谱"按钮，选择的乐器就会出现在右边"总谱中

的五线谱"中。这些乐器将会按照他们在总谱中出现的标准顺序列于列表中，也可以根据自己的需要选中要更换位置的乐器，点击"移动"列表下的"向上"或"向下"的按钮来进行调整。如下图：

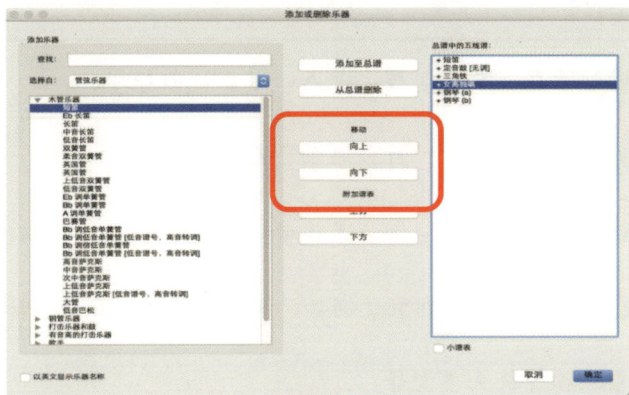

选择好乐器后，检查一下其他乐谱信息是否输入完整，点击右下角的"确定"—"创建"按钮，完成乐谱的创建。

（二）认识工具栏

创建好乐谱后，会出现如下图所示的乐谱：

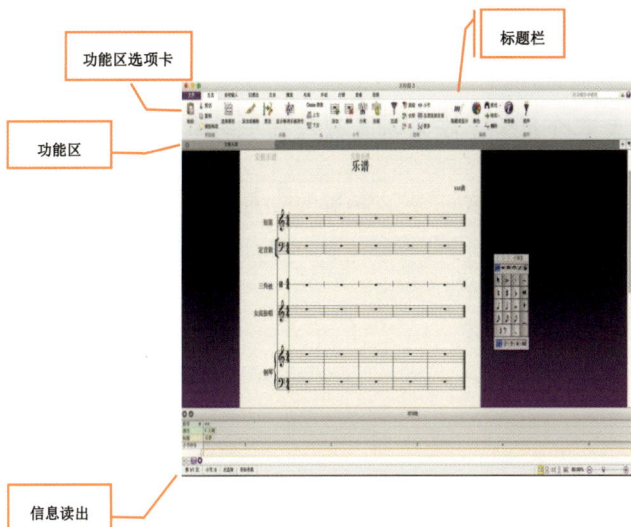

可以看到共有 11 个功能区选项卡，每个选项卡下都有着不同的功能，常用的是以下选项卡：

文件	对工程进行保存、新建工程、导入、导出、打印等。
主页	添加、移除或更改乐器，可以添加、删除小节等。
音符输入	对乐谱进行移调、添加声部、多连音、跨越谱表音符等操作。
记谱法	找到所有非音符的基本标记，例如：谱号、调号、拍号、小节线、表情符号、各种符头类型等。
文本	更改文字大小、字体，添加歌词、和弦符号、小节、页码编号等。
播放	播放配置选择、快进、倒退等常见播放功能。
布局	设置页面大小、谱表及行段的间距、折行、分页、分离等。
外观	出版风格选择，调整音符间距、乐器名称等。

（三）输入乐谱

在讲解如何输入音符之前，先和大家介绍一下在输入音符过程中时常陪伴我们的"好伙伴"——小键盘。小键盘共有六个布局，它包含了常用的音符值和变音记号，详见下图：

普通音符（F7）

更多音符（F8）

符干/颤音（F9）

演奏记号（F10）

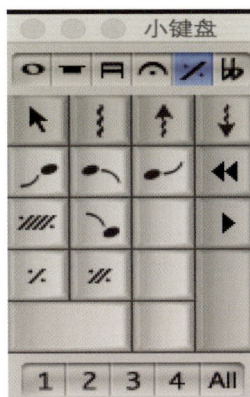

爵士演奏记号（F11）

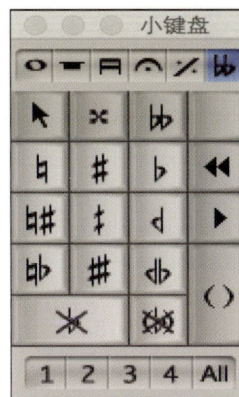

变音记号（F12）

在制作乐谱的过程中，一直会使用到这些界面。Sibelius 针对"小键盘"设置了非常便捷的切换模式：例如六个布局选项，分别按 **F7—F12**，即可立即切换。而布局下的各类音符值及记号，则分别对应电脑外接键盘的小键盘，按下电脑键盘对应的数字，即可选中。如下图所示：

Sibelius 提供了 4 种输入音符的方式，分别是鼠标输入、字母输入、步进输入和实时输入。其中步进输入和实时输入这两种方式都需要连接外部的 MIDI 键盘，在 MIDI 键盘上弹奏并配合软件进行乐谱输入。因此，下面主要介绍两种比较常见的输入方式：鼠标输入和字母输入。

1. 鼠标输入——使用鼠标在小键盘上单击音符值，然后在乐谱中单击以输入每个音符。

（1） 输入单个音符

● 首先确定没有在乐谱中选择任何项目（点击 Esc 可取消选择所有项目）。

● 选择"音符输入"—"输入音符"，鼠标此时会变成蓝色

● 在"小键盘"上选择需要的音符时值或者变音记号（创建休止符时，同样先选择音符时值，然后再点击"小键盘"上的休止符即可）。

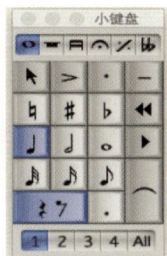

● 现在，当移动鼠标光标时，将会出现一个灰色的阴影音符或休止符。将鼠标移至你要输入乐谱的位置，单击即可完成输入。

（2） 输入音程或和弦

如果需要输入音程或和弦，只需在创建好的音符上方或下方单击要添加的音即可。

> 如果在小节内的其他位置输入了音符，再返回单击现有音符尝试创建音程或和弦，软件会删除这个音符所在位置上原有的音符。

2. 字母输入——使用电脑外接数字小键盘选择"小键盘"的音符值，然后通过键入音名（主键盘A－G）来输入音符。

（1） 输入单个音符

● 首先在"小键盘"上选择一个音符值

● 单击乐谱中需要输入音符的小节

● 在电脑键盘上输入一个音名

（2） 输入音程或和弦音符

● 方式一：输入音程或和弦最低位置的音符，之后按住"Shift"，并使用主键盘输入要在上方添加音高的音名。

● 方式二：输入音程或和弦中的任意音符，之后按"主键盘1－9"即可在当前音符的上方添加音符（例如：需要添加一个四度音符，按主键盘数字"4"即可）。若是要在原有音符下方添加音符，按"Shift 1－9"添加即可。

（四）保存与导出

乐谱制作好后，选择"文件"—"保存"即可储存制作的这个工程文件。

Sibelius支持多种导出形式，选择"文件"—"导出"，就可以根据需要，将乐谱导成音频、视频、PDF、图片、MIDI格式等等。

小贴士

WINDOWS 系统下音频可直接导成mp3格式，MAC系统是aiff格式（需要另外使用音频软件进行格式转换）。

佳作欣赏

请欣赏由上海音乐学院实验学校2022届居梓涵同学根据乐谱制作的成品《绽放》。请添加"艺术新空间"微信公众号查看。

拓展实践

一、为下面古诗词创编一段旋律，并使用 Sibelius 制作出来。

创作歌曲的初期，可以先从现有的古诗词或现有歌曲的歌词来找找灵感：

赋得古原草送别

唐 白居易

离离原上草，一岁一枯荣。

野火烧不尽，春风吹又生。

远芳侵古道，晴翠接荒城。

又送王孙去，萋萋满别情。

二、在软件中为你创作的《赋得古原草送别》旋律再创作一个或多个节奏及乐器声部，并导成音频。

三、将你的作品导成 midi 文件，并将文件导入库乐队，尝试在 Garageband 为你的作品替换不同的音色。

　　如果对演奏作品的乐器有较高的要求，可以尝试将 Sibelius 的工程导成 Midi 文件格式，直接拖入音乐制作软件例如 Garageband、Cubase 等宿主软件中，替换音色即可。

云端室内乐

"Audition CC" 带你穿越时空的回响

主题先导

室内乐已有数百年的发展历史。早在 14 世纪的巴洛克时期，就有相关文献记载。按照声部室内乐可以分为二重奏、三重奏、四重奏等；按照演奏乐器则可以分为钢琴室内乐、弦乐、铜管乐、木管乐等，形式多样、和声色彩丰富。

音乐是一种需要合作才能升华听觉美感的艺术形式。由于疫情，学校各类乐团都无法进行常规训练。同学们在家独自练习时，无法聆听其他声部的旋律，很难提高音乐表现力。如何解决这个难题呢？本章节将介绍音乐编辑软件 Adobe Audition CC，让同学们通过网络合作一起用音乐穿越时空的回响。

软件介绍

Adobe Audition CC 是一款专业的音频工作站，它功能强大、界面明晰、设计人性化，可提供灵活的工作流程。无论是音频剪辑、制作及多轨录音还是为录像配音，它都能创造高质量的音响效果。只要有台电脑，下载软件就可以进行录音、编辑、混音等工作，如果对音质有更高的要求，也可以外接声卡与话筒。

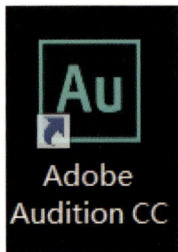

技术链接

一、制作前准备

先在电脑上安装 Audition CC，做好演奏准备。提前为乐器校音，调整话筒位置。

二、软件功能界面

（一）设置录音设备和播放设备

在录音过程中，我们会把录音设备和播放设备连接上计算机，这时候就需要在设置界面选择我们所连接的设备。

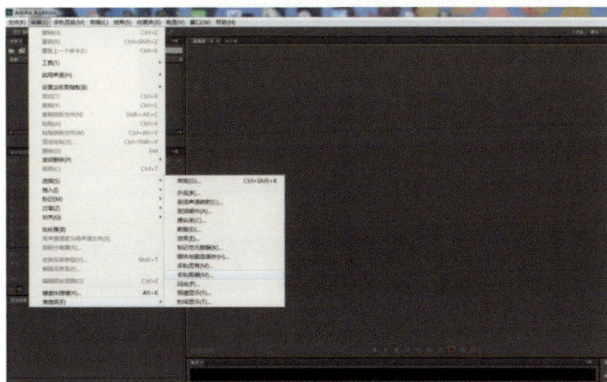

打开最上方的菜单"编辑"→"首选项"→"音频硬件"。

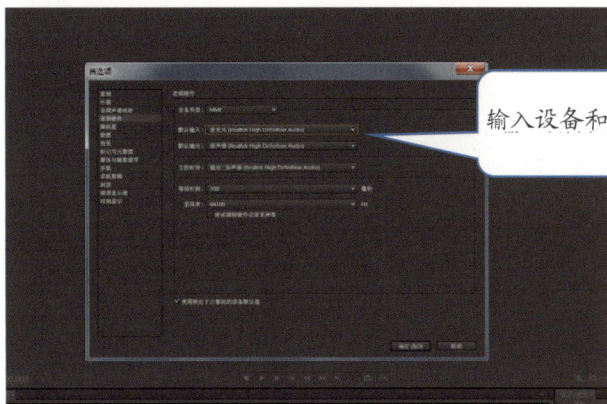

输入设备和输出设备的设置

进入到"音频硬件"的界面之后，我们要分别在"默认输入"和"默认输出"中选择录音时所使用的设备，然后点击"确定"就可以正常使用设备了。

（二）建立工程文件

打开后，是单轨录音界面。点击上"多轨"按钮。

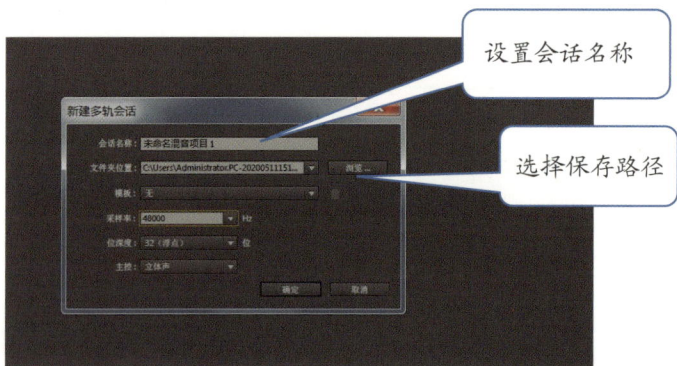

点击"多轨"按钮之后就可以新建一个工程文件了，可以给这个文件取名称，选择文件的保存位置。

（三）设置节拍器

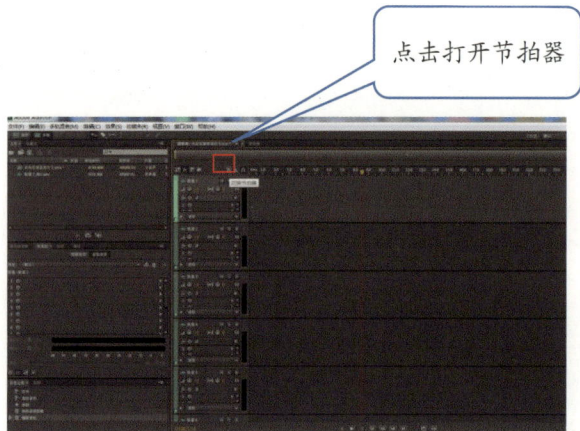

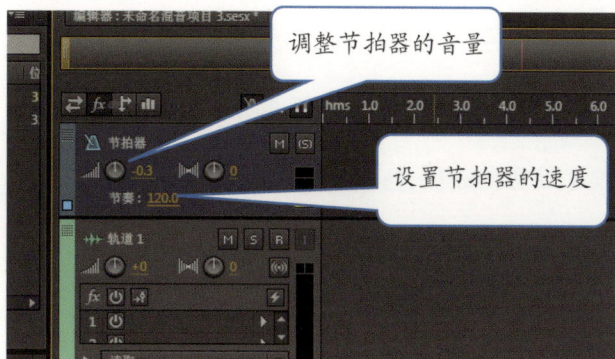

调整节拍器的音量

设置节拍器的速度

随后就出现节拍器的轨道界面，我们需要设置节拍器的速度，来规定音乐的速度，节拍器的音量可以根据需要调整。

这里要注意，如果想边听节拍器边录制，又不想把节拍器的声音录制进去，需要佩戴耳麦。如果不想听节拍器则可以按 M 键静音。

（四）开始录音

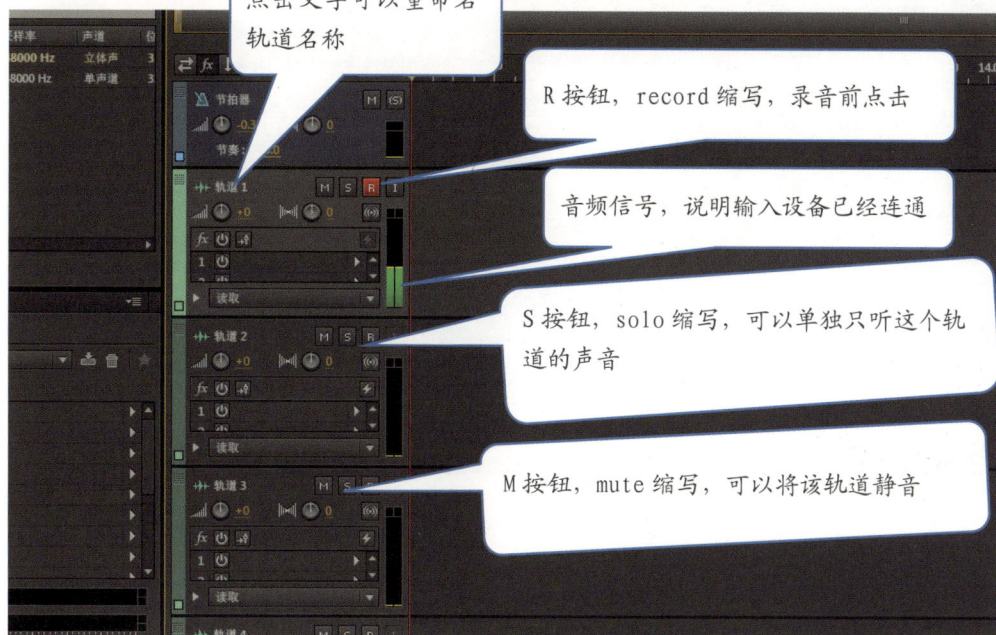

点击文字可以重命名轨道名称

R 按钮，record 缩写，录音前点击

音频信号，说明输入设备已经连通

S 按钮，solo 缩写，可以单独只听这个轨道的声音

M 按钮，mute 缩写，可以将该轨道静音

如果我们选择在轨道 1 中进行录音，那我们就在轨道 1 中点击 R 这个按钮，点击完之后，R 按钮就会变红，右下方也会立即出现绿色的音频信号，说明录音设备已经正常连通。其他轨道也是如此，我们可以在任意轨道进行录音。

我们只需要点击录音轨道的 R 按钮，不要点击其他轨道的 R 按钮。

S 按钮可以单独播放这一轨道的声音，如果多个轨道的 S 按钮被打开，那只会播放 S 按钮被打开的所有轨道。

接下来点击轨道下方的红色圆形的录音键开启录音，录音进程中，光标和时线会开始向右移动，轨道中也会出现正在录音的波形文件。

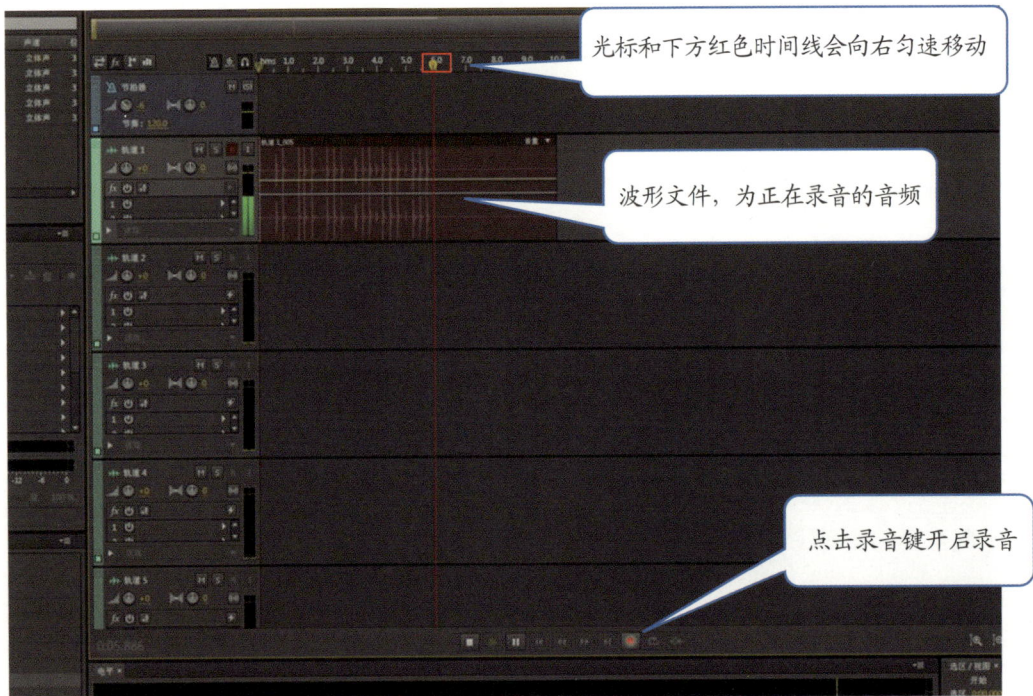

光标和下方红色时间线会向右匀速移动

波形文件，为正在录音的音频

点击录音键开启录音

录音过程中，按 space 空格键可以立即暂停录音。可以在任意时间点开始录音，只需要将光标和时间线移动到该时间点，再点击录音键就可以了。

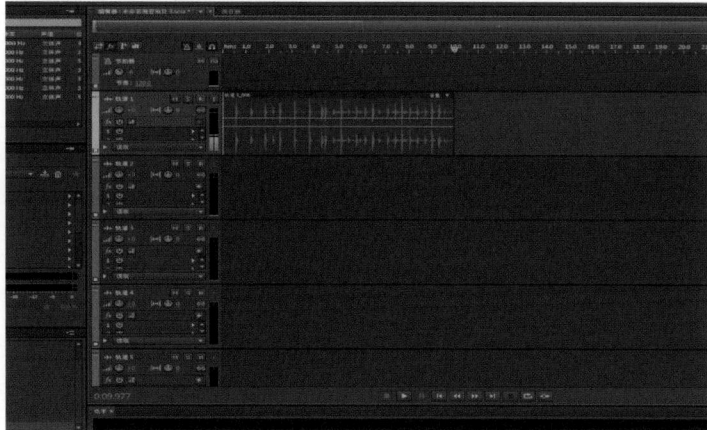

录音结束后，一段音频波形就产生了，再移动时间线按空格键就可以播放音频，自己就能听到录的音乐了。

（五）导出音频以及保存工程文件

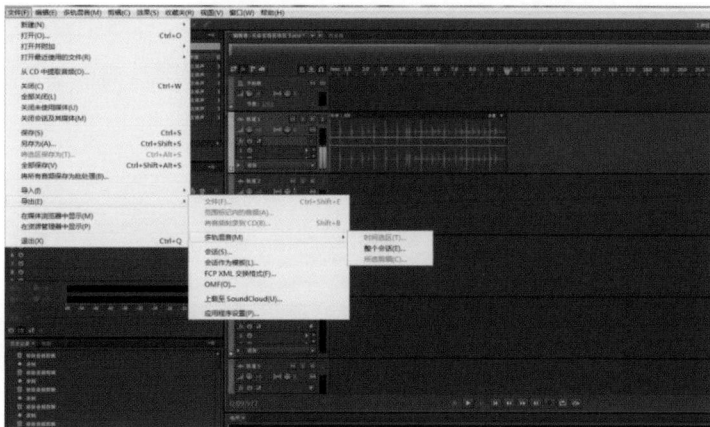

做完录音之后就可以把内容导出为音频文件，点击"文件"→"导出"→"多轨混音"，如果要导出整个工程中的音乐，就选择整个会话，如果只需要导出部分音乐，就先选中需要导出的波形图，然后选择"整个会话"下方的"所选剪辑"就可以了。

然后会出现导出画面，可以自己编辑文件名，导出位置，音频格式等等，最后点击确定，就能成功导出一个最终的音频文件了。

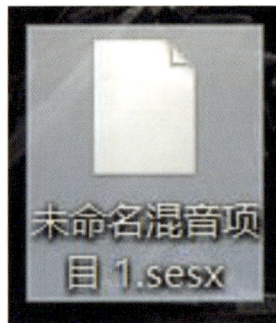

此外，我们在录音过程中，也需要经常保存文件，以便下次打开文件继续完成未完成的录音，只需要按快捷键 ctrl+s 就能保存当前文件了。保存后，也可以将工程文件发给同学进行另一声部的录制。

接收到工程文件的同学可以直接将以上工程文件拖至 Audition CC 软件中，打开后开始新的录制，完成录制。

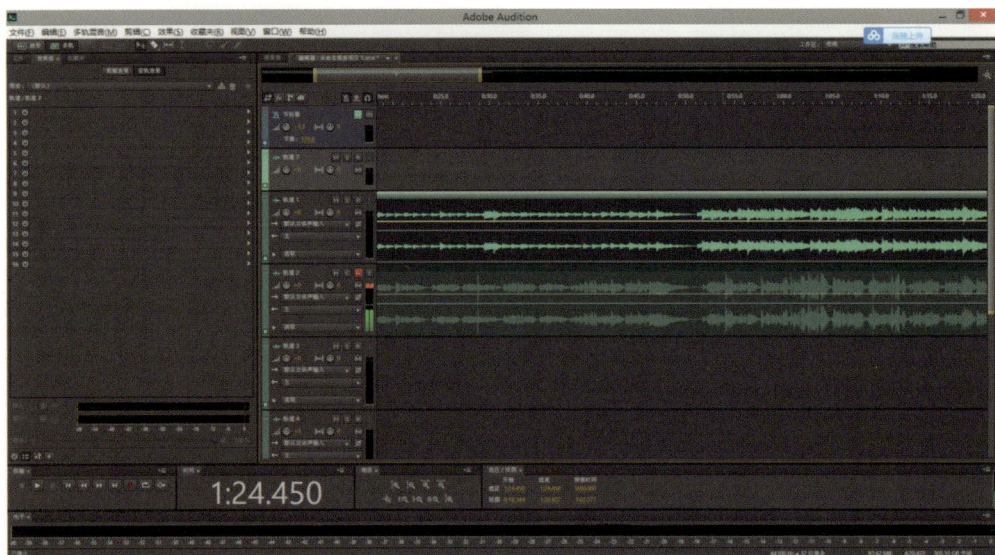

完成后就是一个作品啦，是不是很简单，让我们一起试试看吧！

佳作欣赏

　　存志中学目前有很多艺术社团，弦乐团、钢琴社团、管乐团、民乐团、合唱团等。以管乐团为例，由于疫情期间无法正常排练，只能在网上进行"云排练"。 老师会事先将乐谱分发给各声部长，让团员们各自进行练习，待熟悉自身旋律后，使用软件Audition CC进行第一遍的录制，录制时打开软件内的节拍器，保证各声部速度统一。各声部完成录制后将各自的工程文件发送给老师进行整合，在进行整合的过程中，会再次给各声部发送一个工程文件，这是整合后的文件，让学生们在和声音响的环境练习，并再次完成录制。添加"艺术新空间"微信公众号，可以欣赏同学们的佳作。

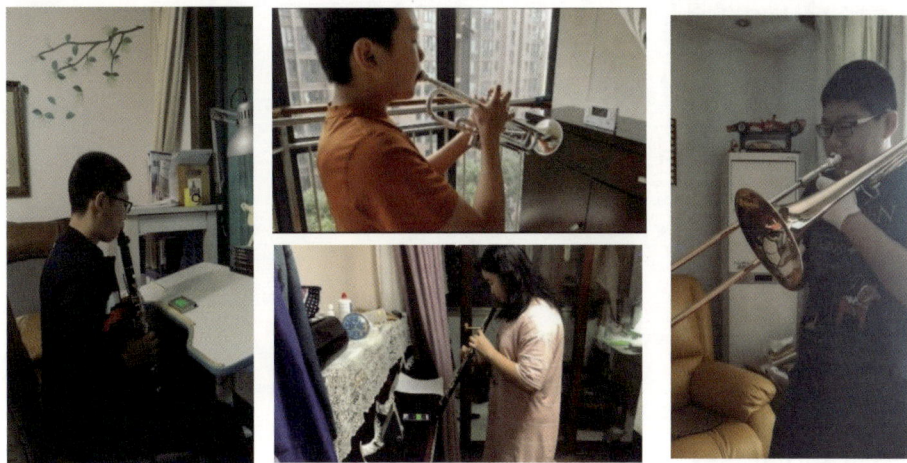

拓展实践

　　同学们在日常的课业学习之余也可以和演奏不同乐器的同学，组成小乐队演奏不同的室内乐，用音乐记录下你们的声音，让Audition CC带你穿越时空的回响吧。

记录美妙旋律

"简而谱"让你轻松打谱

主题先导

同学们，你们知道吗，许多音乐家在创作乐曲时，记录最初的创作乐思，大多习惯使用书写方便的简谱，聂耳创作《义勇军进行曲》、冼星海创作《黄河大合唱》时，他们的初稿也都是用简谱来记写的。简谱在中国广泛普及，它有着较简单易学、便于记写等多种优点。在如今新媒体时代，手机、ipad各种APP盛行，有没有一款对于简谱制作的作曲软件?也能随时进行写歌与音乐创作?

图一

本章节将介绍一款简明而又有效的打谱软件——《简而谱》，让你及时记录美妙的旋律。

软件介绍

"简而谱"是一个可以在手机、IPAD使用的简谱作曲软件，集简谱制作、快速记谱、作曲、写歌为一体，是音乐创作者的必备软件。"简而谱"软件功能包含简谱打谱、有声回放、多声部输入、云端存储等，是一款简单易学易上手的软件。

技术链接

　　安装下载IOS苹果系统支持Touch、iPhone、iPad，通过APP Store可以下载。

一、快捷简谱打谱

（一）打开APP 如下图所示，有示例和基础教程，可供学习。

（二）点击"新建作品"

（三）设置乐谱信息

比如我们谱写《大鱼》的歌谱，把相关词曲作者、歌名、副标题、调式、节拍、速度等，通过设置选项一一填写完整，如右图：

以下为设置界面：

（四）打谱

多达五个八度音程，从 32 分音符到全音符，点击"文"可以输入歌词（支持多种语言）。在乐谱中还可以根据需求加入连音线、小节线、连奏线、倚音、装饰音、反复记号等多种音乐符号，随着软件的不断更新，音乐记号一直在完善中。以下为《大鱼》片段打谱过程：

切换可以变换不同时值的音符

点击"文"就可以编辑歌词啦

这里可以在谱子上加很多音乐记号

小贴士

如果想要把两个八分音符连在一起，如 <u>1 2</u>，不想打成 1 2，一定要 <u>1</u> 后面点击"连线"， <u>2</u> 后面再点击一次"连线"。

（五）歌谱回放

能制谱又能播放的才是最好的，播放可以查找制谱过程中的错误，也能检阅创作的成果。

点击这个播放键，就可以听到美妙的音乐啦

（六）个性页面设置

　　每一首乐曲或者歌曲都可以拥有属于自己的页面排版。"更换背景"中有可选的页面壁纸，也可以可从自己相册中选中照片，可以修改纸张颜色和边距，单独控制音符、歌词、标题、副标题、调与节拍、作者等信息展示的颜色和字体大小，真正打造自己的音乐作品。

（七）导出分享

　　独乐乐不如众乐乐，将作品导出为图片，并保存到系统相册后，同学们就可以分享自己的音乐作品了。

佳作欣赏

这是由浦东绿川中学的同学们通过简而谱软件制作的乐谱。你也可以试一试！

拓展实践

同学们可以用"简而谱"APP记录为学校的红领巾广播创作片头和片尾音乐，并通过学校微信公众号，比一比谁的音乐更受欢迎呢！

尝试用"简而谱"APP制作乐谱"外婆的澎湖湾"，并跟着音乐加歌词演唱。